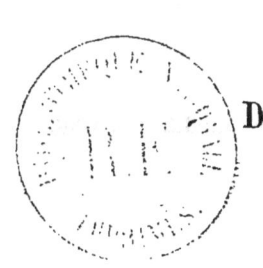

DOCUMENTS

SUR

L'HISTOIRE DE LORRAINE.

PUBLICATION DE LA SOCIÉTÉ D'ARCHÉOLOGIE LORRAINE.

125 Exemplaires.

N° 60. — Lallemand, chan.

RECUEIL

DE DOCUMENTS

SUR

L'HISTOIRE DE LORRAINE.

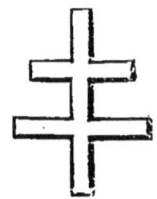

NANCY,
CHEZ WIENER, AÎNÉ ET FILS, LIBRAIRES, RUE DES DOMINICAINS.
1859.

JOURNAL

DE

PIERRE VUARIN,

GARDE-NOTES A ÉTAIN.

1587-1666.

———

L'an dernier, un de nos savants et laborieux confrères, M. Ch. Buvignier, de Verdun, signalait en ces termes, à la Société d'Archéologie, l'existence du document historique que nous offrons aujourd'hui à nos lecteurs :

« Pierre Vuarin vivait au XVIIe siècle. Il était notaire garde-notes à Étain et échevin de cette petite ville de Lorraine. Il a laissé, sur les affaires de son temps, un manuscrit curieux que l'on conserve dans les Archives de la commune d'Étain, et dont voici le titre : *Remarques de plusieurs choses advenües en Lorraine, terres des Eveschez de Metz et Verdun, nottament ès environs d'Etain Briey et autres lieux voisins, etc., et principalement de la fertilité et infertilité des années.*

» Ces remarques commencent en 1587 et se continuent annuellement, sauf une interruption de 1589 à 1594, jusques en 1666, c'est-à-dire qu'elles embrassent une période de soixante-dix-neuf ans. D'où il ne faut tirer aucune induction quant à l'âge de l'auteur; car, jusqu'en 1611, son livre n'est guère qu'un mémorial, un répertoire d'événements, importants il est vrai, mais bien souvent étrangers à l'histoire locale. En 1612, il change de caractère, il devient presque exclusivement lorrain; le récit y est substitué à la sobre mention des années antérieures; on sent que P. Vuarin est témoin, ou tout au moins contemporain des faits qu'il raconte. C'est à cette époque, ce nous semble, qu'il a dû commencer à écrire ses Remarques.

» Celles-ci, nous l'avons dit, sont disposées chronologiquement. Sous chaque année se trouvent, à côté de renseignements historiques, les variations de l'atmosphère, l'état des récoltes, le prix du blé, de l'avoine, de la viande et du vin.

» Nous nous arrêterons principalement sur cette partie statistique.

» Le ciel n'était pas plus prodigue de beaux jours envers nos pères qu'envers nous, et les côteaux des vignerons du XVIIe siècle étaient loin d'être toujours dorés par le soleil. Alors, comme maintenant, les mauvaises années se succédaient, au grand désespoir de notre garde-notes, qui, comme tant d'autres aujourd'hui, établissait entre le passé et le présent une comparaison toute désavantageuse à son temps. De 1612 à 1650, soit pendant 38 ans, il compte dix-huit mauvaises récoltes, « vendanges du tout petites et infertiles. »

» On n'oserait dire que les moissons sont plus favorisées que la vigne. Si, de 1612 à 1620, la récolte des céréales est presqu'abondante, si la moyenne du prix de la quarte de blé ne dépasse pas 4 fr. barrois, cette moyenne s'élève à 7 fr. de 1620 à 1630. Des pluies continuelles font, de 1625, 1626, 1627 et 1628, quatre années d'horrible disette : on était forcé de faire sécher au four, avant de le moudre, le peu de blé qu'on avait pu recueillir. En 1637, la quarte de blé se vend 16 fr. barrois et demeure à un taux exorbitant jusqu'en 1645. Descendue à 14 fr. l'année suivante, elle atteint le chiffre énorme de 18 fr. en 1650, de 24 fr. en 1651.

» Voilà la part de l'intempérie des saisons.

» D'autres causes, la guerre, la peste produisent des effets aussi désastreux. En 1622, c'est l'armée de Mansfeld, et après elle les troupes lorraines, dont les ravages amènent la famine sur tout le territoire traversé ou occupé par elles. En 1635, dans leurs marches et contre-marches, Français, Impériaux, Suédois et Lorrains ruinent le nord de la Lorraine et les Trois-Évêchés. En 1636, la peste vient mettre le

comble à cette horrible situation. Il y a du blé cette année, mais personne pour le récolter; ni chevaux, ni bras pour labourer et pour ensemencer. Le fléau a enlevé partie de la population; l'autre partie a cherché, dans les villes ou dans les profondeurs des bois, un abri contre les cruautés du soldat. Aussi, disette en 1657, disette en 1658. A cette date, notre misérable pays va cesser, pour un court instant, d'être le théâtre de la guerre. Alors rentrent « dans les vilages pour la
» pluspart inhabitez quelques pauvres vilageois qui estoient contrainctz
» de labourer la terre pour substancer, avec besches et houaux, et ce
» qu'est déplorable estoit de les veoir s'atteler et tirer eux mesme la
» charüe comme chevaux.

» Ah! c'est une lamentable histoire que celle de la Lorraine sous le règne de Charles IV. Je la lisais récemment dans le bel et consciencieux ouvrage dont M. Digot à doté son pays. Au tableau des malheurs qui accablent cette petite nation pendant plus de quarante ans, la pensée s'attriste, le cœur se serre. Le tableau est fidèle, certes, et tracé de main de maître. Et bien! que l'on ouvre le manuscrit de P. Vuarin, et l'impression produite par ce naïf et patriotique récit sera plus émouvante encore.

» Pas une page où l'on ne trouve quelque désolant épisode : ici des paysans atrocement suppliciés; là des villages incendiés; ailleurs des châteaux rasés et leurs garnisons pendues; puis la peste, la famine, des contributions écrasantes, etc., etc. Parfois un rayon d'espoir vient rasséréner l'esprit du bon notaire; mais que la déception est proche! Ainsi, par exemple, quel surcroît de maux ne devaient pas causer à la Lorraine la surprise de Saint-Mihiel par M. de Lénoncourt, et, plus tard, la rapide et brillante campagne de M. de Ligniville. Avec quel bonheur aussi il enregistre les bruits de paix! Mais celle-ci se fait-elle, elle ne dure guère. Qu'importe, du reste, la paix entre la France et la Lorraine! La première de ces puissances n'est-elle pas en guerre avec l'Empire et l'Espagne; et la Lorraine et les Evêchés ne sont-ils pas le théâtre permanent de cette lutte qui ne finira qu'au traité des Pyrénées!

» A la première nouvelle de cette habile négociation du cardinal Mazarin, notre chroniqueur n'ose y croire. Tant de faux bruits déjà ont si souvent trompé son plus ardent désir! Aussi, voyez avec quelle réserve et quelle résignation il l'accueille : « Les nouvelles estoient
» que la paix se faisoit entre le Roy de France et d'Espagne, et que
» pendant peu de temps on en oyeroit la publication. On n'en avoit
» autant parlé depuis vingt ans, et mesme les astrologiens faisoient
» mention en leurs almanachs d'un mariage royal qui promettoit la
« paix. Dieu veuille y pourvoir. »

« Dieu y avait pourvu : la paix était signée, et les portes de sa prison étaient ouvertes à Charles IV. Le *Te Deum* retentit dans toutes les églises de Lorraine, les feux de joie brillent jusque dans le dernier des hameaux ; les troupes françaises se retirent. Il ne manque aux Lorrains que la présence de leur duc. Ils l'attendent longtemps. Enfin, Charles arrive, reçu par tous avec enthousiasme. Mais, hélas ! quel prompt désenchantement ! L'augmentation des tailles, une imposition extraordinaire d'un million de francs barrois, les excès des troupes lorraines qui font regretter les Français, etc., etc., inspirent cette phrase à P. Vuarin : « L'effect de son retour nous a esté grandement » ennuyeux, et est encore tout présentement. »

« Mais il faut m'arrêter. Je n'ai pas l'intention d'analyser les *Remarques*; il faudrait tout citer, tant elles sont remplies de faits curieux et nouveaux. Sans exagérer leur importance, je les crois d'un grand intérêt pour l'histoire du nord de la Lorraine au XVIIe siècle, et je regarde comme un devoir de les signaler à la Société d'Archéologie, dans la pensée que, peut-être, elle les comprendra un jour dans son *Recueil de documents sur l'histoire de Lorraine.* »

Nous avons cru devoir nous rendre au désir exprimé par notre honorable confrère. M. Vieilliard, adjoint au maire d'Etain, et qui s'occupe depuis longtemps de recherches sur cette ville, a bien voulu nous communiquer la copie qu'il avait faite pour lui du journal de P. Vuarin, et nous la donnons telle qu'elle nous a été transmise, sauf quelques légères rectifications dans l'orthographe, uniquement destinées à en rendre la lecture moins fatigante.

M. Vieilliard a placé en tête de sa copie les notes bibliographiques suivantes :

« On ignore ce qu'est devenu le manuscrit original de Pierre Vuarin. La seule copie qu'on en connaisse est conservée dans les Archives de la mairie d'Étain. L'écriture est du siècle dernier ; l'ortographe de l'original y a été corrigée[1].

» Cette copie est entièrement écrite de la même main, sur quatorze cahiers de papier ayant 21 centimètres de hauteur sur 15 cent. de largeur, réunis au moyen de petits rubans verts sous une couverture de gros papier grisâtre.

» Les cahiers sont numérotés, mais non paginés ; ils se composent

---

1. C'est ce qui explique l'irrégularité de l'orthographe de beaucoup de mots, dont les uns ont conservé leur forme ancienne, et dont les autres ont été rajeunis.

chacun de huit feuillets. Le 1er, le 5e et le 14e cahiers sont incomplets.

» Le 1er, le 2e et le 3e feuillets du premier cahier comprennent le titre et les années 1587, 88 et 89. Le 4e et le 5e sont restés en blanc ; on a enlevé les 6e, 7e et 8e feuillets, qui contenaient apparemment un résumé d'observations sur plusieurs années et le commencement de 1594.

» Il a également été enlevé, dans le 5e cahier, le 1er feuillet qui devait comprendre la fin de 1619 et le commencement de 1620.

» Enfin le 14e et dernier cahier n'est écrit que sur ses trois premiers feuillets et sur le recto du 4e dont le surplus est resté en blanc. Les quatre feuillets suivants ont été arrachés.

» Le manuscrit original s'arrêtait-il comme la copie à l'année 1666? C'est ce que l'on ne peut décider.....

» L'estampille d'un sieur Lavignon (LAVIGNON. DR.) et la signature de Mme la marquise des Armoises de Spincourt, que l'on voit sur plusieurs pages, font supposer que ce manuscrit leur a appartenu. »

Les Archives d'Étain renferment encore un autre manuscrit fort curieux pour l'histoire de cette ville, et qui est également rédigé sous la forme d'un journal, lequel commence à 1545 et va jusqu'en 1700. Ce manuscrit est connu sous le nom du *Blanc-livre*, parce qu'il est couvert d'une feuille de parchemin jadis blanc. M. Vielliard en a fait aussi une copie et nous a permis d'en extraire les notes qui nous sembleraient intéressantes. Ces notes viendront à la suite du Journal de P. Vuarin, auquel elles serviront comme de complément et de continuation.

REMARQUES

DE

PLUSIEURS CHOSES ADVENUES EN LORRAINE,

TERRES DES EVESCHÉS DE METZ ET VERDUN,

NOTTAMMENT ÈS ENVIRONS D'ÉTAIN, BRIEY ET AUTRES LIEUX
VOISINS, AU TEMS DE LA LIGUE FAITE EN FRANCE SOUBS
LE REIGNE DU ROY HENRY QUATRE, ÈS ANNNÉES 1587,
88 ET 89, CHARLES III ESTANT DUC DE LORRAINE
ET BARROIS, PRINCIPALEMENT DE LA FERTI-
LITÉ ET INFERTILITÉ DES ANNÉES,
LE TOUT DRESSÉS ET RECUEILLY

PAR Mᵉ PIERRE VUARIN,

NOTTAIRE GARDE NOTTE ET ESCHEVIN DE LA VILLE
D'ÉTAIN, QUI A ESCRIPT SUCCINTEMENT CE
QUI EST ARRIVÉ DE SON TEMS, QUI
EST VENU A SA CONNOISSANCE.

Années 1587, 88 et 89.

Lesdittes années, le duc Charles auroit eu guerres contre la princesse de Sedan, et pendant icelle recouvré les villes et châteaux de Jametz après y avoir tenu le siége l'espace d'un an ou environ, donné plusieurs assauts audit château et y avoir perdu un grand nombre de grands capitaines et soldats; les fortifications de ladite ville ayant esté démolyes et le château laissé en son entier.

Auroit aussy ledit duc Charles assiégé et remis sous son obéyssance la ville de Stenay qu'avoit esté prinse par le duc de Bouillon; auquel siége Jean de Lénoncourt, grand maitre de l'hôtel de Son Altesse, bailly de S¹-Mihiel et capitaine de Bricy, auroit esté tué d'un coup de canon tiré de la ville, qui luy auroit emporté la teste, Sadite Altesse estant, lors dudit coup, tout près dudit de Lénoncourt; on a depuis dit que son oroscope avoit esté trouvé véritable, car comme il s'estoit enquis à un devin comment et de quelle mort il devoit finir, il luy avoit répondu qu'il mourroit d'un grand mal de teste.

Son fils, Louis de Lénoncourt, auroit esté fait bailly de S¹-Mihiel à sa place.

L'armée des Reistres, conduicte par le duc de Bouillon, auroit passé en Lorraine en ladicte année 1587; en laquelle estoient le prince Casimir et autres princes d'Allemagne, qui alloient en France mandés par le roy de Navarre qui depuis a esté roy de France Henry 4ᵉ. Lesdits Reistres mettoient le feu par tout les villages, ayant esté veu en même temps et heure de dessus le donjon du château de Bricy le feu en 16 ou 17 villages de la prévôté, pilloient[1]............
.... Et réunit la France à son obéissance, la Lorraine auroit commancé à gouster le doux repos de la paix et vécu en tranquilité.

1594.

En laditte année 1594, le jour du S¹-Sacrement, environ les trois heures après midy, seroit survenu un tel orage de vent, foudres, gresles, éclairs et tonnerres, que chascun croioit estre la fin du monde, par le fracas des thuilles et couvertes des maisons, vitres et choses semblables; tout le monde criant miséricorde, car on n'entendoit rien que tonnerre et on ne voyoit aucunes clartés que des éclairs; du-

---

1. Ici existe une lacune; le reste de la page et cinq feuillets et demi sont restés en blanc.

quel foudre les grains, tant bleds que marsages, qui estoient très-beaux, auroient esté entièrement foudroyés et perdu audit Briey et de grand nombre de villages de la contrée ; les arbres, tant domestiques que champêtres, arrachés et rompus en telle quantité qu'on n'en pouvoit dire le nombre, le tout par la violence des vents, qui ruinèrent plusieurs édifices.

1595, 16, 17, 18.

Les années suivantes assez fertiles et abondantes, au contentement du peuple qui se remettoit et se relevoit des pertes que luy avoient causés les guerres.

1599.

Les vendanges de laditte année 1599 très-fertilles en plaine année, le vin très-bon et en telle quantité que de fort longtems auparavant on n'en avoit veu autant ; les grains, tant bleds que marsages, aussy en fort bonne quantité.

En laditte année, Henry de Lorraine, marquis du Pont-à-Mousson, épousa la sœur unique du roy de France Henry quatrième.

1600.

En laditte année fut le grand Jubilé à St-Nicolas en Lorraine, où auroient afflué un nombre innombrable de personnes de toute qualité, des pays non seulement de Lorraine et Barrois, mais encore des pays voisins.

Le roy de France Henry 4e épousa Marie Emedée, princesse de Florence.

Le duc de Mercœur ayant fait des actes de vaillance et proüesse contre les Turcqs en Hongrie, auroit esté fait lieutenant général de l'armée de l'Empereur. Il estoit de la Maison de Lorraine.

1601.

Ostende fut assiégé par l'archiduc Albert; lequel siége a esté le plus mémorable qu'ait esté depuis plusieurs années.

Le duc de Mercœur prit Albe Royale en Hongrie.

La naissance de Louis treize, roy de France.

1602.

Continuation du siége d'Ostende par l'archiduc. Le marquis de Spinola allant au Pays-Bas avec une armée de dix mil hommes napolitains, passa en Lorraine; estoit logé par estappe, dont y en eut tuez en Lorraine.

Le duc de Mercœur revenant d'Hongrie meurt à Noremberg.

Le mareschal de Biron ayant entrepris contre le roy, est décapité à Paris.

1603.

En laditte année, y eut de grands troubles et difficultés en la cité de Metz entre le sieur de Saubolle, gouverneur, et les bourgeois et habitans, à raison de quoy le roy Henry 4e, avec la reyne Marie Emedée, seroit venu en Lorraine, fait entrée triomphante ès trois cités, Toul, Verdun et Metz. Et auroit esté ledit sieur de Saubolle mis hors de sondit gouvernement de Metz.

Le cardinal de Lorraine estant pourveu de l'évesché de Strasbourg, y auroit esté empesché par le prince de Brandebourg, tellement qu'il y avoit grande apparence de guerre en Lorraine; mais cela auroit esté appaisé par accord.

Le roy, audit voyage de Metz, auroit esté veoir S. A. Charles 3 à Nancy, et Saditte A. auroit aussy esté veoir le roy à Metz.

Elisabeth, reyne d'Angleterre, mourut en laditte année.

1604.

Cette année mourut Mme la duchesse de Bar, épouse de Henry de Lorraine, duc de Bar, sœur du roy Henry 4º.

Ostende, après un siége de trois ans et plus, où estoit mort une infinité de personnes, tant des assiégés que des assiégeans, fut rendu par composition à l'archiduc Albert.

En laditte année, les moissons de bled et marsage fort bonnes tant en quantité que qualité.

Les vendanges fertiles et les vins bons.

1605.

Mort du pape Clément 8, qui avoit tenu le siége pontifical 13 ans.

1606.

Pendant les Pasques de laditte année, les vents auroient esté si grands qu'ils auroient ruynés plusieurs bastiments, arrachés et rompus une infinité d'arbres, tant aux bois qu'en la campagne; on n'osoit demeurer ès maisons crainte d'estre accablé.

1607.

La mort de Charles, cardinal de Lorraine, évesque de Metz et Strasbourg, fils de S. A. Charles 3.

1608.

Charles 3, duc de Lorraine, mourut, auquel succéda Henry, son fils ainé, duc de Bar.

1609.

En laditte année, après une guerre qu'avoit duré si longtems entre le roy d'Espagne et les archiducs, contre les Etats des Provinces-Unies, trève auroit esté faite et accordée pour les Pays-Bas et lesdits Etats pour douze ans.

1610.

Le roy Henry 4 traitrement et méchament tué de deux coups de couteau par Ravaillac; auquel a succédé Louis 13, son fils. Ravaillac, condamné pour son crime, fut tiré et démembré par quatre chevaux, son corps mis en quartier, trainé par les rues et carrefours de Paris, puis brûlé.

1611.

Le tems ayant venu fort commode pour la vigne, il y eut, en laditte année, telle abondance de vins, que la queüe, au Barrois, ne valloit, aux vendanges et peu après, que 15 à 16 frans sur les lieux.

1612.

Si les vins avoient esté en quantité l'année 1611, il y auroit eu beaucoup à dire en la présente, en laquelle n'y en eut que fort peu; mais à cause de l'abondance de la précédente, ils auroient demeuré en assé bon prix.

Depuis la St-Remy jusqu'au jour de la Chandeleur suivante 1613, pluyes continuelles, ravages d'eaux et débordement des ryvières, de sorte que les anciens disoient n'avoir jamais veu automne et hiver si extrêmes en pluyes, n'y aiant en tout ledit temps que petites gelées, la plus grande n'aiant duré que trois ou quatre jours.

1613.

Dès le commancement de février jusqu'à la fin du mois d'avril, très-beau tems et sans pluyes quelconques en ce climat; le soleil chaud et luisant du matin au soir avec une chaleur extraordinaire pour la saison, tellement que les chemins estoient en poussière comme sy ce fut esté à la St-Jean-Baptiste.

Depuis la my-may jusqu'au 15 juillet, pluyes quasy continuelles que l'on jugeoit estre fort contraires aux biens de la terre, nottamment au fruit de la vigne.

Les eaux estant tellement débordées que les foings auroient esté pour la plupart pourris et emmenés des eaux et les bleds couchés. Toutefois, les moissons, tant de bled que de marsages, fertiles et plantureuses, la paire de quarte par moitié ne valant que quatre frans.

Depuis le 15 juillet jusqu'à la St-Luc, beau tems et sans pluyes, et toutesfois les vendanges infertiles.

1614.

L'hiver ayant commancé dès environ la St-Luc de l'année dernière, auroit continué par gelées et neiges jusques Quasimodo, n'y ayant eu pendant tout ledit tems quatre jours de suitte sans gelées.

Depuis Quasimodo jusqu'à la my-may, le mauvais tems auroit continué par froidures et gelées blanches, tellement qu'alors n'y avoit rien avancé.

Pendant le jour de Pentecoste et ès environs, l'armée des princes de France, qu'on appelloit les Guesid...., auroient occupé les villages de l'évesché de Verdun par plusieurs journées, à la foule du peuple.

L'été assé beau et chaud.

Les moissons de touts grains assez plantureuses, mais les grains n'estoient pas bons.

L'automne pluvieux avec débordemens des rivières. Les vendanges moiennement bonnes, les vins petits.

La quarte de bled 4 fr.

La quarte d'avoine 1 fr. 6 gros.

1615.

Le printems de laditte année beau et sans pluyes; mais

les gelées arrivées en deux matinées auroient fait perdre l'espérance de vendanger, jusqu'à ce que, comme par miracle, on auroit veu renaistre des raisins en assez bonne quantité, joint que la gelée n'avoit esté universelle, quelques vignobles qui estoient à l'abri du vent en aiant esté préservés.

L'été fort chaud et secq sans pluyes, de sorte que les anciens disoient n'avoir jamais veu une année si chaude et secq, sinon quelques soixante ans auparavant, que les plus vieux parloient d'une semblable, qu'ils appelloient la chaude année, à laquelle la présente doit estre comparée.

Les bleds courts, mais de fort bonne revenue et bien certains.

Les marsages de peu de valleur et si courts qu'on ne pouvoit les recueillir, ains les falloit arracher ou les laisser sur les lieux.

Les foings fort rares et à cette occasion fort chers, la chairée vallant communément 25 fr. au tems des moissons.

La chair à bon prix, car on avoit esté contraint de tuer la meilleure partye du bestail à cause de la cherté des fourages.

La vigne belle, le bois beau, verd et haut, choses admirables veu les chaleurs et sécheresses.

Peu de fruit ès vignes et comme demy-année, mais les vins très-bons et forts si forts qu'il n'estoit moien d'en boire de meilleur.

L'automne secq comme avoit esté l'été, tellement que les laboureurs perdoient l'espérance de réensemencer à proffit, jusques environ le 20 octobre, que les pluyes assez compétamment seroient arrivées, de sorte qu'en peu de tems on auroit veu les semences fort belles.

Depuis, la sécheresse auroit encore continué, en sorte

qu'au jour de S*t*-André les rivières estoient presque taries, et passoit-on à pied secq la rivière d'Orne en plusieurs endroits, à une lieue au-dessoub d'Etain.

La quarte de bled, 4 fr. 6 gros.

Celle d'avoine, 3 fr.

1616.

L'hiver assé modéré jusqu'aux environs de la Chandeleur que les gelées auroient arrivé et continué cinq à six semaines, sy grosses et extrèmes en froidures, avec neiges, qu'il n'estoit possible faire plus froid, de sorte que aucuns voiageurs furent trouvés morts par les chemins.

Le printems fort beau, excepté quelques gelées et matinées froides au mois de may, qui auroient, en quelques lieux, fait perdre une partie des fruits des vignes, avec ce que les gelées générales de l'hiver avoient aussi gasté une partye du bois qui, à cette occasion, n'auroit aucunement produit.

L'été beau, avec grandes chaleurs accompagnées parfois de pluyes et autres tems propres pour la maturité tant des grains que raisins.

Les moissons de bleds et marsages bonnes et plantureuses.

La quarte de bled, 4 fr.

Celle d'avoine, 2 fr.

Les maladies fréquentes, n'y aiant eu guères de personnes qui, pendant cette année, ne s'en soient ressenty, comme fièvres et semblables, dont plusieurs en sont mortes.

Les vendanges, nonobstant tous les accidents sus-mentionnés, plantureuses et plus que demy-année.

L'automne fort beau, sans froidures.

1617.

L'hiver aussy sans grandes froidures et quasy sans

pluyes, de sorte qu'à cette occasion les arbres commancèrent à fleurir dès le commancement du mois de février, et avant le 15 mars estoient entièrement hors de fleurs.

Environ le 24 mars, les pluyes estant survenues continuellement et en abondances jusqu'à la fin du mois d'avril, causèrent de grands débordements des rivières.

Le mois de may beau et sans froidures.

Le mois de juin et commancement de juillet fort humides et pluvieux, ce qu'auroit fait tellement croitre les herbages, qu'à la fenaison chacun se pourveut de foing pour deux ans, tant il estoit abondant; l'on pouvoit dire véritablement que de mémoire d'homme on n'avoit veu de nation de raisins qu'il y en avoit cette année; mais les pluyes des mois de juin et juillet les auroient fait couler et diminuer de beaucoup.

Environ le jour de Pentecoste de laditte année, les trouppes, gens de guerre françois et hollandois, auroient occupés, pendant l'espace de trois semaines ou environ, les villages des éveschés de Metz et Verdun, causés beaucoup de maux et pertes de biens aux subjets desdits éveschés. La cause de ces troubles estoit sur les difficultés survenues entre le roi Louis 13 et les princes de France. Peu de tems après, le marquis d'Ancre, Italien, qui avoit eu grand crédy à la cour de France, fut tué à Paris; l'on estimoit qu'il estoit cause de tous ces troubles et révoltes.

Les moissons médiocrement bonnes et les grains bons; néantmoins, avant la fin de l'année, la quarte de bled auroit vallu 6 fr. et celle d'avoine 2 fr. Les vendanges aussy assé plantureuses; le vin moyennement bon au Barrois et non ailleurs; la queue vallant, au tems des vendanges, 30 fr. au Barrois et depuis 40 fr.

L'hiver ayant commancé dès le mois de novembre avec

froidures extrêmes, causées par gelées, auroit duré jusqu'aux Pasques de l'année suivante.

1618.

Le printems gracieux au commancement et puis après pluvieux.

Belle apparence de grains, tant bleds que marsages, comme aussy de raisins qu'on voioit en grande quantité, non avancés toutesfois, car ils n'estoient encore entièrement hors de fleurs au 14 juillet.

Les moissons de bled, foings et marsages, bonnes et plantureuses et les bleds fort bons.

Le 20 septembre de laditte année, le Révérendissime Charles de Lorraine, évesque et comte de Verdun, faisant visite générale de son évesché, estant venu à Etain, où il auroit esté receu comme au cas accoustumé au devant des portes, le poil estant porté sur lui par les quatre eschevins de l'église, le même jour fit sa visitte.

Le lendemain il auroit chanté messe pontificalement et communié en icelle de sa propre main plus de trois mil personnes, tant de la ville que des villages.

Le même jour, il auroit administré le S¹ Sacrement de confirmation à un nombre presque infini de personnes, tant jeunes que vieux.

Le lendemain samedi, 22 dudit mois, auroit donné les saincts ordres de prêtrise à un grand nombre de jeunes hommes, et le dimanche 23 seroit parti dudit Etain.

Les vendanges de laditte année plantureuses et plus que demy-année; les vins bons et à prix compétant. L'automne et l'hiver suivant assé beau et gracieux.

La quarte de bled, 4 fr.

Celle d'avoine, 1 fr. 6 gros.

1619.

Le printems beau et plaisant, mais pendant iceluy, les troubles de France auroient esté renouvelés, de sorte que l'armée venue en ces quartiers auroit occupé les éveschés de Verdun et de Metz, et principalement celle dudit Metz, tenant un camp volant à l'entour de laditte ville, à cause du marquis de la Vallette, fils du duc d'Espernon, qui s'étoit emparé de laditte ville[1]...

1620.

L'armée de France, conduitte par le duc de Nevers, auroit esté ramenée ès terres des évesché, comté et chapitre de Verdun, où elle auroit séjourné fort longtems, nottamment ès villages voisins d'Etain, et jusqu'à neuf ou dix jours, vivants à discrétion, pillants et gastants les bleds et marsages qu'estoient encore aux champs, d'autant que c'estoit au tems de la maturité d'iceux, à la ruyne du pauvre villageois.

Les vendanges de fort petit rapport, le vin toutesfois assez bon.

L'hiver doux et facile jusqu'au Noël.

La quarte de blé, 6 fr.

Celle d'avoine, 2 fr. 4 gros.

1621.

Depuis le Noël survinrent de grandes neiges et gelées extrêmes en froidures qui durèrent jusqu'à la semaine Sainte.

Le printems pluvieux, en sorte que la pluye ayant duré jusqu'au cinq mai, qu'il n'y avoit rien d'advancé, n'y aiant apparance à la vigne non plus qu'à Noël. Es environs le 6 ou

---

1. Ici il a été enlevé une page.

7 mai, le tems beau et chaud auroit survenu propre à l'avancement des biens de la terre.

L'armée du comte Palatin deffaite en Bohême et la prise de Prague, ville capitalle du royaume, environ le jour de la Toussaint de l'année 1620.

Le printems de l'année 1621 aiant esté pluvieux et l'été auroit esté de même n'aiant esté quatre jours de suitte sans donner de l'eau en abondance, de sorte que la plus part des foings furent perdus et gastés.

Mais comme, pendant les moissons des grains, seroit survenu du beau tems par interval, cela auroit fait qu'on auroit recueilli d'assé bons grains et en bonne quantité, quoique l'air soit toujours demeuré couvert et nuageux.

Les vendanges de petit rapport, tellement que la queue de vin valloit en Barrois 80 fr. et plus, ors que le vin ne fût parfaitement bon.

Les vieux valloient 120 fr.; veoir 130 fr. la queue à cause de leur bonté et rareté.

Avant la fin de laditte année, les bleds auroient enchéris, la quarte se vendant 6 fr. et avant les moissons suivantes 8 fr.

La guerre faitte par le roy Louis 13 contre les rebelles de S. M. de la religion prétendue réformée, le siége de Montauban, duquel le roy auroit esté contraint retirer son armée pour l'hiver.

Le duc du Maine fut tué audit siége.

Le commancement de l'hiver pluvieux, et depuis le 15 décembre ou environ jusqu'au 15 mars suivant, gelées fortes et extrêmes.

Le comte Ernest de Mansfeld, pendant l'automne et hiver, tenant une armée ès environs de Lorraine, du costé de Saverne, faisoit entendre qu'il vouloit passer par Lorraine, ce qui auroit donné occasion de s'armer et tenir sur ses gardes, estant ledit Mansfeld fort redouté pour les maux, pilleries et exactions qu'il souffroit estre commis et perpétrés par ses gens, ayant pris, pillé et rançonné plusieurs villes, places et châteaux en pais voisins.

La quarte d'avoine, 4 fr.

1622.

Depuis le 15 mars ou environ jusqu'au commancement de may, pluyes continuelles et pendant ledit mois par interval, lesquelles néantmoins n'auroient causés aucuns maux aux biens de la terre, ains fait proffit aux grains, tant bleds que marsages, par la multiplication des plantes.

Au mois de juillet, ledit comte de Mansfeld et le duc de Brunswicq, qui estoient ensemble, sachant que S. A. s'estoit désarmé, auroient demandé passage par Lorraine avec leurs armées composées de 60,000 personnes, lequel passage on n'auroit sceu empescher, d'autant que Saditte A. n'avoit force suffisante, de sorte qu'ils seroient entrés, sur la fin dudit mois de juillet, par le costé de St-Nicolas, passé entre Metz et le Pont-à-Mousson et tiré par Mars-la-Tour, Buzy, Rouvres, Amel, Senon, Eton, Vaudoncourt, tirant à Stenay et de là à Mouzon. Auquel passage ils auroient tués tous ceux qu'ils rencontroient, comme à guerre ouverte, brûlé les villages, viollés filles et femmes, pillés et dérompus les églises, autels, emportés tout ce qu'ils auroient trouvé de bon et fait les plus grands maux qu'on ait oui parler auparavant, jaçoit que S. A. leur faisoit fournir munitions pour vivre.

Qui plus est auroient coupés partyes des grains pendant en racines, tant bled que marsages, pour leurs nourritures et de leurs chevaux qu'ils logoient ès églises et chapelles, desquelles ils faisoient des étables qu'ils laissoient plaines de fumier et immondices, l'autre partye des grains aiant esté perdu et gasté, nottamment où ils passoient et conduisoient leurs canons en nombre de huit pièces, de sorte qu'on n'auroit que bien peu recueilli ès moissons de laditte année ès finages ou ils auroient passés, s'estant espandus pour aller courir et piller trois ou quatre lieues en largeur dedans la Lorraine.

Le village de Gondrecourt en Woipvre fut entièrement brûlé, et partye de ceux de Belchamp, Aucourt, Jandelize, St-Jean, Hennemont, Rouvre, avec une infinité d'autres ès environs de Stenay, Mousay sur la rivière de Meuse et au pays de Verdunois, en tous lesquels lieux ils auroient fait une infinité de maux, emmenant avec les meubles tous les chevaux, vaches, moutons et bestails qu'ils pouvoient rencontrer, les allant chercher jusqu'au profond des bois où les pauvres gens s'estoient réfugiés et cachés, les trouvant par le moyen de plusieurs du païs qui avoient pris les armes et suivoient laditte armée pour piller, en sorte qu'à aucuns villages il ne leur seroit resté aucun bestail de quelles espèces se puisse estre.

L'on tenoit que laditte armée alloit assiéger Verdun ou Mouzon; de fait, elle avoit séjourné quelques quinze jours à l'entour dudit Mouzon, mais elle n'auroit esté assiégé, même ne seroit arresté ès ville et château fort et qui eussent peu faire résistances ès pays de S. A.

Pendant lequel passage S. A. auroit fait lever gens de guerre et fait entrer dedans Etain le régiment du sieur de Nubecourt, composé de mil hommes sans les garçons et bagages, qui y fut treize jours vivant à discrétion, à la ruyne du peuple, en sorte que les vivres auroient grandement enchérys, et avant la fin du mois d'août la quarte de bled valloit 12 fr., l'avoine 5 fr.

D'avantage l'on avoit fait levée de touts les bleds qu'on auroit pu trouver ès greniers tant de S. A. que des particuliers pour faire munition pour l'armée de Lorraine que S. A. avoit fait mettre sur pied pendant le mois d'août, qui estoit de six à sept mil hommes tant à pied qu'à cheval.

Laquelle armée, conduite par M. le prince de Phalsbourg, sur la fin dudit mois d'août, auroit séjourné tant audit Etain (où ledit prince estoit logé) qu'ès villages de la prévosté dudit lieu, l'espace de cinq jours entiers, vivant aussi à leur discrétion, pillants, rançonnants et faisants de même que l'armée ennemie, excepté qu'ils ne tuoient ny ne brûloient, le tout à la ruyne des pauvres sujets, jà pillés et appauvris par le passage de laditte armée.

Les pauvres gens des villages s'estant retirés en leurs maisons après ledit passage, auroient receus telle infection, tant des corps morts de plusieurs de laditte armée qui mouroient tous les jours et autres, qu'on tuoit mêmement les bestes qu'ils laissoient morts, puanteurs causées par les immondices qu'ils avoient laissés ès maisons, que plusieurs en sont morts, tant de dissenterie qu'autres maladies contagieuses. On avait recueilli le reste des grains ès moissons, qui estoit bien petit, nottamment audit Etain et villages voisins, laditte armée les ayant foudroyés et les gens de S. A. fait couper, dissiper et manger à leurs chevaux.

Les maladies de dissenterie et fièvres auroient tellement continués qu'ès villages d'Olley, St-Jean, Busy, Belchamp, Rouvre, Lanhère, Amel, Senon et autres, où l'armée avoit passé, seroit mort le tiers des hommes et femmes ou environ, même en seroit mort un grand nombre audit Etain, principalement les vieux et les pauvres, qui mouroient pour n'estre secourus et de nécessité qu'ils enduroient, la plus grande partie des autres estoient affligés des maladies que dessus.

L'été beau avec chaleur.

Le siége mémorable de Breda par le marquis de Spinola.

Le rapport des vignes en laditte année en petites quantités, mais les vins bons, d'autant que le fruit avoit esté nourri de chaleur.

L'hiver glacial, les gelées ayant commancés avant Noël et continués jusqu'environ le dix de mars, qui néantmoins n'auroient esté rudes ny domageables.

1623.

Le printems beau et secq; mais pendant iceluy, un vent d'Ardenne fort froid qui auroit causé un retard à l'avancement des bleds, vignes et autres biens de la terre. L'été fort chaud et secq sans pluyes, du moins fort peu. Les moissons plantureuses, principalement en bled; mais à cause que les greniers estoient vuides, il n'avoit laissé d'estre cher, la quarte se vendant huit fr.

L'année fort fertille en fruits champêtres dont il en avoit autant qu'on ait jamais veu.

La paixon et glandée des bois aussi assé plantureuse.

La maladie contagieuse ayant commencé dès le cœur de l'été et continué jusques environ Noël en plusieurs villages ès environs d'Etain, en laditte année 1623, comme Boinville, Herméville, Comble, Eton, Senon, Houdelaincourt, Circourt, Gouraincourt, Arrancy et Longuyon, dont une grande quantité de personnes seroient décédées.

Laditte contagion auroit aussy régné en plusieurs autres lieux éloignés dudit Etain, comme ès prévôtés de Bricy et Longwy, fort dangereuse et plus qu'on ne l'auroit veue de 30 ans auparavant.

L'automne assé beau. Les vendanges moyennes. Le vin bon, mais cher.

L'hiver assé doux jusqu'au 18 décembre ou environ, auquel temps les gelées estant survenues auroient durés jusqu'au 8 de mars.

La quarte d'avoine, 3 fr.

1624.

Continuation de tems froid jusqu'à la fin du mois d'avril, auquel tems n'y avoit rien d'avancé; mais tout-à-coup le tems chaud estant survenus, auroit fait qu'en dix ou douze jours tout auroit poussé et tellement avancé que les arbres estoient entièrement fleurys au 14 de may et la vigne faisant paroistre ses raisins, la chaleur estant grande par l'espace d'un mois comme si ce fût esté au mois de juillet.

La chèreté des vivres ne laissoit de continuer pour le pain et vin, mais excessivement pour la chair, d'autant qu'il ne restoit que fort peu de bestail, la livre de bœuf se vendant six à sept gros, la livre de mouton sept à huit gros, le veau autant.

Les espèces d'or et argent fort hautes. Le teston de Lorraine, 16 gros.

Celui de France, dont on voioit peu, 19 gr. 2 bl.

Le quart d'écus de France, 20 gr. 2 bl.

Touts reuxthallers 5 fr.

Le Philippe 1 haller 5 fr. 5 gr.

Le ducaton, 5 fr. 10 gr.

La pistolle, 16, 18, 20 fr., veoir à la volonté de ceux qui en avoient.

Le ducat, 8 fr. 6 gr. L'écu solt, 8 fr.

Le florin d'or, 6 fr.

Les chaleurs auroient esté grandes et excessives pendant tout le mois de juin et de juillet, n'aiant fait que quatre jours de pluyes qu'auroient venus à souhait, principalement pour les marsages, de sorte qu'au commancement dudit mois de juillet, toutes sortes de biens se voyoient en toutes plantes.

Les moissons de bled assé fertilles et plantureuses. Les marsages en quantité et plus qu'on avoit veu de longtems auparavant.

La vigne et le fruit d'icelle se faisoit parroitre et donnoit espérance d'une très-bonne vendange, mais la trop grande chaleur les auroit aucunnement diminué.

Les espèces d'or et d'argent auroient esté rabaissés par ordonnance publiée au mois d'août de laditte année.

La mort de feu très-heureuse mémoire Henry par la grâce de Dieu, duc de Lorraine arrivé le mer........ auquel auroit succédé Charles 4, par la grâce de Dieu, fils de haut et puissant prince François de Lorraine, comte de Vaudémont, aiant épousé Nicolle de Lorraine, fille de feu Son Altesse.

Reddition de la ville de Breda au roi d'Espagne.

Encore que la moisson de grains ait esté très-bonne et plantureuse, la quarte de bled auroit vallu 6 fr.

Et quant aux vins, combien que les vendanges soient esté fertilles et presque année pleine, la queue se vendoit au Barrois 65 fr. au commancement et depuis 60.

Le vin y estant fort bon, comme il estoit au Vaux, veoir même les vins des costes estoient bons et à bas prix.

L'automne de laditte année extrêmement beau, sans gelée ny froidures, aussy n'auroit-il fait aucunes pluyes jusqu'environ le jour de Ste-Catherine qu'il en auroit tombé par dix ou douze jours continuels, qui auroient causés un débordement des rivières sans froidures, tellement que pendant le Noël il faisoit beau soleil, estant clair et chaud, qu'il sembloit estre le printems.

Pendant l'été et automne de la même année, la contagion auroit régné ès lieux de Briey, Gorze, Onville, Arnaville, et autres maladies comme fiebvres presque universelles, dont grand nombre de personnes sont décédés.

Les fruits champêtres et glandées estoient en bonnes quantités et abondance, et avant la fin d'icelle année, les bleds et vivres auroient compétamment rabaissés de prix.

La quarte d'avoine 2 fr.

1625.

L'hiver se maintenant beau, sans froidures ni gelées, jusqu'au 20 de février, en sorte que les plantes et herbes des jardins estoient restés en vigœure comme en été, même les arbres tant domestiques que champêtres auroient poussés et fleurys dès environ le 15 février, le soleil estant luisant et chaud extraordinairement pour la saison.

Le vingt février les gelées seroient survenues assez rudes, et peu après les neiges en abondance, qui ont continués jusqu'à my-mars; et depuis la my-mars jusqu'au 20 avril, pluyes continuelles, débordement des rivières.

Le temps fort fâcheux, ce qu'auroit gasté les fleurs des arbres.

Depuis le tems jusqu'à la my-may, assez beau tems, et de la pluye continuelle jusqu'au 18 juillet, froides et en telle abondance que les semences des bleds et grains et le fruit des vignes qu'estoient en grande abondance et parroissoient plus beaux qu'ils n'auroient fait de cinquante ans auparavant, auroient de beaucoup diminué, estant chose étrange qu'en l'espace de huit semaines et plus il n'auroit fait trois jours de suitte de beau tems, ains toujours pluyes en abondances.

Dès le commencement du printems, les armées de France

auroient arrivés ès éveschés de Metz et Verdun, chapitres desdits lieux et terres de Gorze, et y séjourné jusqu'à l'été, à la grande ruyne des sujets desdits lieux.

Son Altesse, pendant ledit tems, auroit armé à cause des difficultés survenues tant pour Malatour que de plusieurs terres que S. A. tenoit des Trois-Eveschés, pour lesquelles auroit esté donné arrêts par Cardin Le Bret et autres se disants commissaires députés par le roy à cet effet.

Les bruits de guerre et préparatifs entre l'empereur et le roy d'Espagne contre le roy de France comme aussi entre le roy de France et S. A.

Grande mortalité par contagion à Metz.

L'été beau avec chaleur, les moissons de foing, bleds et grains assé bonne, les bleds toutesfois n'estant guères bons ni profitables à cause des grandes pluyes qu'il avoit faittes.

La quarte de bled se vendoit 8 fr.

La quarte d'orge, 4 fr.

L'automne fort beau et peu de pluyes.

Les vendanges petites et infertilles.

Le commancement de la citadelle de Verdun.

L'armée de S. A. en garnison par toutes les villes de Lorraine et Barrois dès le mois d'août de laditte année 1625 jusque à même tems de la suivante.

Accord fait entre les princes de la maison de Lorraine, que les filles ne pourroient plus hériter au duché, ains les mâles les plus proches.

Lequel accord on appella la loi salique.

L'hiver fort doux et modéré, n'aiant fait que petites gelées et peu de duré.

1626.

Le printems très-beau, les bleds et grains en herbes paroissant fort beaux, nous promettant une année fertille et plantureuse.

Les arbres domestiques et champêtres fort bien fleuris et préparés.

Néantmoins les grains grandement chers, tant à cause de l'infertilité de l'année précédente qu'à cause qu'on les levoit pour mener hors des pais; cela auroit apporté une extrême nécessité aux pauvres et moyennes gens, car, peu avant les moissons, la paire de quartes pour moitié se vendoit 20 fr.

Le vin estoit aussi cher, la queue vallant 100 et jusqu'à 120 fr.

Pendant ledit tems, les garnisons estoient ès villes de Lorraine, les compagnies des sieurs de Salins, de Marainbois, de Boussey et de Tidrich ayant tenu garnison à Etain un an durant.

Les bruits de guerres continuoient entre les deux roys, pour autant que celui de France vouloit remettre le comte Palatin dans le Palatinat, dont le roy d'Espagne s'estoit emparé peu après la bataille de Prague.

La guerre de la Vattoline ès années 1625 et 26 entre les deux roys.

La chaleur au mois de may estant grande qu'en plein été; mais, au commencement de juin, les pluyes estant survenues avec autres fâcheux tems et continué jusqu'au douze d'août tellement que les pauvres gens qui pensoient faire les moissons dès le commancement du mois de juillet pour eux substanter et nourir en auroient esté fort reculés. C'estoit grande pitié de veoir la pluspart du peuple en disette et nécessité à cause de la grande cherté des grains, se rencontrant une infinité de pauvres par les chemins, villes et villages, qui mouroient de faim. On étoit contraint de couper le bled verd, le faire sécher au four, puis le moudre et en faire du pain qui ne faisoit que fort peu de proffit.

Peu avant les pluyes on avoit commancé à couper les foings, mais tout ce qu'on avoit abattu avoit esté gâté et emmené des eaux. Enfin le beau tems ayant commancé environ le treize août, l'on avoit fait les moissons de bleds et marsages assé commodément et avec proffit, estant plantureuses selon le tems qu'il avoit fait, principalement les marsages qui estoient en abondance.

La quarte de bled, environ la St-Remy, vallant **7 fr.**

Les fenaisons ayant esté délaissés à cause des pluyes jusqu'au mois de septembre et par le beau tems qu'il avoit fait jusqu'au 15 dudit mois, au auroit receuillez les foings avec proffit.

Les compagnies de gens de guerre cy-devant mentionnés furent congédiés environ le douze d'août.

Les fortifications et ramparts du château de Malatour démolyes par accord fait entre le roy et Son Altesse.

L'automne chaud et secq, de sorte qu'on ne pouvoit labourer pour le voien à cause de la sécheresse et rudesse des terres, les laboureurs aians esté contraints discontinuer jusques environ le 15 octobre qu'il avoit arrivé des petites pluyes qui auroient adoucies les terres.

Les vendanges infertiles en plusieurs lieux, assé fertiles en autres, et le vin fort bon.

Enfin, le beau tems, pluvieux par interval, auroit fait veoir les semences en nombre, très-belles partout.

1627.

L'hiver rude par gelées qui auroient commancé sur la fin de novembre et continué jusqu'au commancement de may, sinon quelques pluyes au mois de janvier et encore depuis environ le my-may, tellement que rien n'estoit avancé, notamment la vigne, non plus qu'à Noël.

Après quelques jours de beau tems qui auroit aucunement fait avancer les biens de la terre, les pluyes auroient survenues jusqu'au quinze de juillet que le beau tems s'estant remis on auroit fait les moissons de foing avec proffit.

Les moissons de bleds et grains fort tardives et non commancés au dix d'août, que le beau tems seroit survenu pour 16 ou 17 jours qu'on auroit moissoné; mais avant qu'avoir achevé, les pluyes ayant recommancé fort fâcheuses et incommodes, principallement pour les marsages, plusieurs ayant esté germés et gastés aux champs.

Les mois de septembre et octobre fort pluvieux, néantmoins les semences assez belles.

Les vendanges tardives, n'ayant esté commancés qu'à la fin d'octobre, en sorte que les pressoirs tournoient encore à la St-Martin d'hiver; les vins fort petits, si jamais on les avoit veus.

Les moissons de bled compétament bonnes, mais le grain noir et non certain ny de garde, la quarte vallant 6 fr., l'avoine 3 fr.

La paixon et glandée fort plantureuses.

A la fin de l'été estoit fort grand bruit de guerre entre le roy et S. A. Levée de gens de guerre de part et d'autre, cela provenant des difficultés des arrêts rendus par Le Brete pour les villes et places que le roy disoit estre siennes dans les païs de Sadite Altesse.

L'armée de Sadite Altesse, tant des païs qu'étrangers, estoit de 30 ou 40 mil hommes logés ès villes et bourgs, vivoient comme à discrétion, faisoient de grands maux, exactions et rançonnemens, principalement dix mil cavalliers du sieur baron de Cratze.

Toutes les saisons de cette année pluvieuses, veoir même jusqu'à Noël, avec vents impétueux; et continué les pluyes jusqu'au 14 janvier suivant.

1628.

Environ le jour de l'an auroit couru un bruit de paix entre le roy et S. A., qu'auroit apporté une grande joye aux sujets de Sadite Altesse, et incontinent après bruit de guerre entre l'empereur et le roy pour le recouvrement des trois cités.

L'hiver long et rude par gelées et neiges jusqu'à la fin du mois d'avril, et de là jusqu'au mois d'août pluyes quasi continuelles qui auroient empêché grandement la maturité des biens de la terre, tellement que les moissons de bled et grains n'auroient esté commancés que le 16 d'août; choses étranges de veoir par tant d'années de suitte les pluyes retarder les moissons et ne faire presque point d'été; ce qu'auroit fait qu'en laditte année la quarte de bled auroit monté jusqu'à 8 fr.

Continuation des bruits de guerre entre l'empereur et le roy.

Levée de gens de guerre par Monsieur de Verdun pour le recouvrement de son évesché, de laquelle le roy l'avoit dépossessionné.

Le jour des Roys de laditte année, il auroit fait un étrange orage de vents, pluyes, gresles, éclairs, tonnerres forts, grands et fréquents.

Le siége de la Rochelle par le roy.

Quelques années auparavant la présente avoit commancé à semer et planter du tabac, autrement appellé nicotianne, et ce à l'entour de Metz et autres lieux à l'entour du païs Messin, mais non en telle abondance qu'en laditte année

1628 qu'il s'en trouvoit grande quantité de jours de terre tant audit païs Messin qu'en Lorraine, et comme on avoit fait courir un bruit parmi le populaire que la nature de cette plante estoit d'attirer les vapeurs et humidité de l'air, et qu'elle causoit les grandes et continuelles pluyes qu'avoit tombés ladite année et les trois ou quatre précédentes, en sorte qu'on n'avoit que peu ou point d'été, joint qu'on se plaignoit qu'on occupoit une partye des finages à élever ledit tabac et qu'il y alloit une grande quantité de fumier et amandement, même que les héritages qui le portoient et les adjacentes en estoient gâtés et détériorés, les païsans se seroient mutiné et ramassé par trouppes, aucunes fois jusqu'à trois ou quatre cents, les uns armés, les autres avec houaux et autres semblables outils, nottamment audit païs Messin, où ils auroient courus partout où estoit ledit tabac, qu'ils auroient couppés, arrachés et autrement gâté ; et comme plusieurs de ceux qui l'avoient élevé armoient des gens et faisoient résistances, il y auroit eu plusieurs personnes tués, les autres blessés et quelques-uns noyés, cela estant advenu sur la fin du mois de juillet et commancement d'août; et comme l'année 1622 a esté nommée l'année de Mansfeld, celle-cy doit estre appellée l'année du tabac.

Les bleds en assé bonne quantité, mais non encore si bons que l'année précédente, n'estant bien meurs ni de bonne saison.

Les moissons de marsages assé plantureuses, mais tardives, ayant duré jusqu'au 16 ou 18 de septembre.

Les vendanges du tout infertiles sy jamais on les avoit veu, fort tardives et non commancées avant le mois de novembre, y ayant eu beaucoup de villages et presque partout, dessous les costes, auxquels on n'auroit vendangé, et aux autres lieux fort peu.

Le vin vieux fort cher, comme aussi le nouveau, quoyque petit, la queue se vendant au Barrois 160 fr.

L'automne assez beau, les semences au mois de novembre paroissant belles.

La reddition de la Rochelle au roy Louis 13 pendant ladittte automne.

La quarte de bled valloit 6 fr. et celle d'avoine 3 fr.

L'hiver jusqu'à Noël pluvieux, mais sans froidures, tellement que pendant lesdits jours de Noël les plantes estoient vertes et les fleurs au jardin comme au printems; depuis ledit jour de Noël jusqu'au 15 may, diversité de tems.

1629.

Le printems pluvieux, puis beau par interval, mais avec tonnerres assez fréquents.

Continuation de très-beau tems chaud et propre à l'avancement des biens de la terre, la chaleur entremeslée de pluyes.

Cette chaleur avoit fait tellement advancer la maturité des grains et raisins, qu'on auroit commancés à moissonner dès le 15 ou 16 de juillet.

Les moissons de foings, bleds et grains bonnes et plantureuses et de bonne maturité.

Vezel surpris par les Hollandois.

Au même tems Bois-Duc rendus.

La saison de voyen fort favorable, beau tems et pluyes par interval, les semences fort belles à la St-Remy.

Les vendanges très-bonnes, d'autant que les raisins estoient gros et bien meur, tellement qu'il y avoit du vin beaucoup plus qu'on n'avoit espéré en beaucoup de lieux; les vendanges faittes avant la St-Remy, et le vin très-bon.

La quarte de bled valloit 6 fr., l'avoine 30 gr.

L'hiver pluvieux jusqu'au mois de may, peu de gelées.

La contagion ès villages du ban de Pareyd, depuis l'été jusqu'à l'hiver.

1630.

L'armée de l'empereur au païs de Strasbourg et bruit de guerre pour les trois cités.

S. A. auroit de nouveau redressé une armée; six compagnies du régiment du sieur de Tantonville, ayant esté dressés à Etain, où elles auroient demeurés depuis le 21 mars jusqu'au 22 avril, composés de chacunes cent hommes.

Les greniers des receptes d'Etain et autres des environs auroient esté vuidés pour remplir ceux de Stenay et Jametz.

La quarte de bled valloit 7 fr. 6 gr., celle d'avoine 3 fr. 7 gr.

La queue de vin au Barrois, 80 fr. et plus.

L'armée de l'empereur s'estant approché jusqu'à Vic, y auroit fait séjour un long tems au grand domage, foule et oppression des gens de ce quartier.

Le roy cependant auroit fait renouveller les arrêts de Le Brete et autres difficultés contre S. A., nottamment pour le duché de Bar, ne voulant recevoir Sadite Altesse à reprendre de luy, ains vouloit que Madame, comme héritière en ligne directe, fasse la reprise, estant indigné de la loy salique établye en Lorraine; cela auroit causé la levée de l'armée qu'on avoit mis en garnison par les villes et bourgs de Lorraine, attendant de jours à autres la guerre qu'on tenoit pour asseuré entre le roy et Sadite Altesse.

Laditte armée estoit de dix mil hommes de pied et deux mil cavalliers; quatre compagnies du sieur de Florainville logés à Etain dès le 14 juin jusqu'au 19 septembre, les autres compagnies dudit régiment logés, sçavoir une à Malatour, deux à Rouvre et Lanhère, deux à Amel et Senon, et l'autre à Eton, faisant de grands maulx, pilleries et exactions, sans aucune punition, tant à la ville qu'aux villages, auxquels estoit levé journellement de grandes tailles et contributions pour subvenir aux frais et dépenses qu'il convenoit soutenir.

Les bleds se levoient à Etain et aux environs par ordre de S. A. pour subvenir à son armée, en ayant esté levé jusqu'à trois mils quartes ou environ.

Les moissons de bleds infertiles et de petit rapport en beaucoup de lieux, et quant aux marsages encore plus, la quarte de bled vallant, aux environs la St-Remy, 8 fr., et celle d'avoine 4 fr.

Les vins vieux à bon prix, à cause de l'abondance et grande préparation des vendanges, la pièce ne vallant que 30 ou 35 fr., et le pot 6 gr.

L'armée de l'empereur se seroit retiré environ le 15 de septembre, et à la fin dudit mois, les capitaines de Sadite Altesse donnoient congé à leurs soldats, ne retenant presque personne.

Cependant le roy estoit en personne en Savoye, à l'expédition de Mantoue, prétendus par le duc de Nevers, pour le secour duquel et pour l'investir audit duché, il avoit, dès l'année précédente, envoyés son armée conduite par le cardinal de Richelieu, qui, au commancement, auroit eu la fortune assé bonne, ayant pris Casal et autres lieux, mais depuis, le duc de Savoye (au secour duquel le roy d'Espagne avoit envoyé une armée conduite par le marquis de Spinola) auroit eu l'advantage en plusieurs endroits, repris plusieurs places, assiégé ledit Casal et grand nombre de François deffait.

Pendant quoy on tâchoit de pacifier entre le roy et S. A. y ayant eu ordinairement ambassadeurs et couriers de l'un à l'autre, le roy usant de remises qu'on disoit communément estre à dessin de gagner du tems, faire ses affaires en Savoye, pour ce fait, venir contre Sadite Altesse. Laquelle cependant auroit toujours demandé d'être conservé en son droit ou la guerre. Enfin, après plusieurs bruits divers, tantost de la paix, puis après de la guerre, que tout estoit pacifié et aussytost qu'il n'y avoit rien de fait, d'autant que la cour de Parlement de Paris se roidissoit, et estoient les présidents et conseilliers près de quitter leurs offices plutôt que de révoquer les arrêts de Brete (Le Bret) qu'elle avoit homologués et fait insinuer ; ces bruits divers ayant continué jusqu'au commencement d'août, et le maréchal de Marillac ayant esté envoyé à Nancy par le roy, où il avoit conféré avec S. A., on auroit fait entendre que, pour certain, tout ce qu'estoit de conséquence estoit pacifié, joint que les garnisons estant sortyes de la plus part des villes et bourgs, le peuple prenoit consolation de jouir d'une bonne paix, voyant une sy belle et plantureuse vendange. Le vin bon et en grande quantité qu'on ait veu de mémoire d'homme.

La queue au Barrois ne valloit que 20 fr., mais le charrois cher.

La contagion pendant l'automne à l'entour de Nancy et autres lieux, de sorte qu'on peut dire Dieu avoir en cette année puny la Lorraine des trois fléaux : peste, guerre, famine, du moins grande chéreté de vivres.

L'hiver rude dès le commancement par gelées qui commancèrent le dix décembre et duré jusqu'au mois d'avril avec quelques pluyes par interval.

Les semences néantmoins fort belles.

La citadelle de Verdun bloqué par commandement du roy

par le sieur de Vaubecourt contre le sieur de Biscarat, comme lieutenant du maréchal de Marillac, rendue peu après.

1631.

Les bleds chers. La quarte vallant 9 à 10 fr.

L'avoyne rare et chère, tellement que le pauvre peuple, ruyné par les guerres, mouroit de faim; jamais on n'avoit veu auparavant tant de mandiants.

Le vin à bon marché, ne valant que 2 et 3 gros le pot, 4 gros le plus cher.

La vigne belle et bien préparée.

La maladie contagieuse à Nancy, le Pont-à-Mousson, St-Mihiel et beaucoup d'autres lieux en Lorraine.

L'été beau avec grande chaleur, mais accompagné de foudres, tonnerres et corruscations, qui auroient ruinés beaucoup de finages audit païs de Lorraine.

Bruit de guerre contre la France et levée de gens de guerre en tous les pays.

Les moissons de foings et grains, commancés environ le 10 juillet, avoient esté retardés de douze ou quinze jours par les pluyes survenues. Les moissons de grains moyennement bonnes.

Le maréchal de Marillac amené prisonnier à Verdun, où on auroit commancé de formaliser son procès par commissaires députés par le roy.

S. A. ayant levé une armée de vingt ou vingt-cinq mil hommes, l'auroit tenue longtems en Lorraine, à la ruyne des sujets des villes et villages, et sur la fin de l'été se seroit acheminé en Allemagne, passé le Rhein et séjourné jusqu'au Noël, qu'elle seroit esté de retour et laissé son armée en garnison ès villes qu'elle avoit prises, lesquelles auparavant s'estoient rebellés contre l'empereur et mis sous la protection du roy de Suède, qui estoit entré bien avant en Allemagne; grande partye de la noblesse de Lorraine estant morts en ce voyage, entr'autres Messeigneurs les princes de Phalsebourg et chevallier de Lorraine.

Le roy Louis 13 estant arrivé à Verdun quelques jours avant Noël par un très-mauvais tems d'hiver, tellement pluvieux que les rivières estoient estrangement desbordés, auroit tiré à Metz et y fait son entrée environ ledit jour de Noël.

L'armée du roy estant puissante, car bon nombre de cavallier l'avoient précédé, qui s'estoit campé et tenoit assiégé Moyenvic, fortiffié depuis quelques années par le commandement de l'empereur, laquelle place ayant soutenu le siége l'espace de trois semaines ou environ, le sieur de Manière, de la maison de Mercy, qui y commandoit, en auroit sorty par composition avec armes et bagages, tambour battant.

S. A., environ ledit jour de Noël, auroit esté trouver le roy à Metz et luy mis Marsal en ostage.

Les vendanges très-bonnes et fertiles, le vin à bon prix, mais le bled aucunement cher et jusqu'à six ou sept frans la quarte.

Depuis, la cherté auroit augmenté tant en Lorraine qu'au pays Messin pour la grande quantité de gens de guerre qui y estoient, tellement que le pauvre peuple auroit esté désolé et ruyné par les fréquents logemens desdits gens de guerre, qui rançonnoient, pilloient et violloient, et commettoient toutes autres actes d'hostilité, n'ayant ordre ny repréhention, ce qui faisoit que les villageois abandonnoient leurs résidences et se retiroient où ils pouvoient mieux, plusieurs estant morts de disette et nécessité.

La prise de Trève par les François.

1632.

L'hiver assé fâcheux par pluyes, mais peu de gelées.

Les biens de la terre en belle apparance pendant le printems et commancement de l'été.

Le mois de juin fort fâcheux à cause des pluyes froides, vents et autres mauvais tems qui incommodoient les biens de la terre.

Cependant le pauvre peuple estoit toujours oppressé, tant aux villes que villages, se voyant ainsy ruyner et manger sans y avoir guerre déclarée, la publication de laquelle néantmoins on attendoit de jour en jour et la totalle destruction des corps et biens.

En ce tems-là les gens du roy se seroient saisys du Pont-à-Mousson, St-Mihiel, Bar et autres places en Lorraine, où ils auroient esté receus sans qu'on leur ait fait aucunes résistances.

Le maréchal de Marillac décapité à Paris; il avoit esté gouverneur de Verdun et fait bastir la citadelle.

Cinq cornettes de cavallerie du sieur de Lénoncourt, logés à Rouvroy-sur-Meuse, mises en déroutte par les gens du roy, plusieurs tués et la plus part prisonniers, le samedy 19 juin.

La paix faitte sur la fin dudit mois de juin, par les articles de laquelle S. A. laisoit au roy Clermont, à rachat au denier cinquante, Stenay, Jametz et Marsal en ostage pour quatre ans.

L'armée du roy se retira à même tems, et peu après S. A. congédie bonne partye de ses trouppes.

Les pluyes froides continuant pendant le mois de juillet font perdre les fruits de la vigne et monter la queue de vin au Barrois à quarante frans, qui, peu avant, avoit esté donné pour quatorze frans.

Les maladies, comme fièvres continues fort fréquentes, qui auroient emporté un grand nombre de personnes, et plusieurs autres incommodités de maladies.

Les moissons de bleds et marsages bonnes et plantureuses, mais le tems de les moissonner mal propre à cause des pluyes.

Sy les années précédentes on avoit esté travaillé et affligé de peste, ce n'estoit rien en comparaison de la présente, qu'elle étoit presque universelle, la ville d'Etain en ayant esté fort travaillé dès le my-août jusqu'au mois de décembre, en sorte que chacun s'absentoit d'icelle, se retirant où l'on pouvoit mieux, et y auroit eu de mort de laditte ville, tant dedans icelle qu'aux environs, jusques à sept vingt personnes.

L'Allemagne remplye de guerre par le roy de Suède, lequel y ayant conduit une puissante armée faisant la guerre à l'empereur, y auroit subsisté deux ou trois années, faisant de grands maux, tenants plusieurs cités, villes et fortes places jusques environ le mois de novembre 1632, qu'il auroit esté tué en bataille rangée, l'armée de l'empereur estant conduite par le général Papenhein, qui aussy auroit esté tué en laditte bataille, et après (comme le bruit estoit) qu'il s'estoit remontré contre ledit roy de Suède et le blessé à mort.

La saison de voyen fort belle, sans pluyes, les semences belles.

Il n'y avoit point de fruit ès vignes, de sorte qu'on n'auroit point vendangé, mais à cause de la fertilité des deux années précédentes, le vin estoit en assé bon prix, la pièce ne vallant que 40 fr., le pot 8 gr.

Les grains aussi en assé bon prix, la quarte de bled ne vallant que 6 fr., celle d'avoine, 2 fr. ou 30 gr.

1633.

L'hiver ayant commancé dès le mois d'octobre par gelées fortes, avoit continué jusques environ les Pasques, tems fâcheux de gelés et pluyes par interval.

L'armée du roy ramenée en Lorraine et aux esvêchés, continuant à faire de grands maux, se préparant pour entrer en Allemagne contre l'empereur, lequel aussy avoit de grandes forces sur les frontière. Et ne laissoit l'Allemagne d'estre travaillé des Suédois, qui, depuis la mort de leur roy, avoient redressé leur armée, occupant encore beaucoup de bonnes villes. Tout du long de cette année, l'armée de France auroit passé et repassé, tantôt entrant en Allemagne, puis retournant jusques en Champagne.

S. A. avoit levé une puissante armée qu'il avoit fait conduire contre les Suédois, qu'estoient venus jusqu'à la frontière de Lorraine, du costé de Saverne, tenant assiégés la ville de Haguenau; et pour faire lever leur siége, l'armée de Lorraine les auroit esté attaquer assé près dudit Haguenau, tellement que le jour de St-Laurent y auroit eu bataille, où plusieurs auroient esté tués de part et d'autre.

Cependant, le roy en personne tenoit Nancy assiégé, où ayant séjourné quelques tems avec son armée, il auroit esté traité et accordé que les portes lui seroient ouvertes, qu'il tiendroit la ville neuve et y mettroit garnison; ce qu'auroit esté fait, et y logé jusques à quatre à cinq mil hommes, au grand détriment des habitans.

Peu de tems après, l'armée de S. A. estant ramené à l'entour de Lunéville, y auroit été congédié.

Les moissons de grains non beaucoup plantureuses.

La paire de quarte valant dix frans, mais beaucoup plus

chers à l'entour de Nancy et vers la Vosge, où les armées avoient séjournés et quasi tout ruynés.

Les vendanges infertilles, mais le peu de vin assez bon.

La queue au Barrois vallant cent frans et plus.

Etablissement de la cour de Parlement à Metz.

L'hiver ayant commancé dès environ la Ste-Catherine, auroit duré jusques aux Pasques; pluyes et gelées par interval.

Continuation de la guerre d'Allemagne entre l'empereur, les protestants et les Suédois.

La mort de l'archiduchesse infante d'Espagne, gouvernante des Païs-Bas, au mois de novembre ou environ.

Le régiment du marquis de Blainville logé à Etain pendant l'été de laditte année.

En ladite année fut construit et érigé le maitre autel de l'église d'Etain par l'entremise des sieurs Nicolas Bertrand, curé, Nicolas Thiéry, controlleur d'Etain, Pierre Vuarin et Fremy Hussenot, exécuteurs testamentaires de feu le sieur Mocquet, vivant curé dudit Etain.

1634.

Le commancement du printems froid par gelées et pluyes; mais avant la fin d'icelluy se voyoit apparance d'une bonne année, tant en grains qu'en vin.

Toute la Lorraine occupée par les François (excepté Lamothe et Bitche) et leurs troupes logés ès villes et villages.

Le régiment de Monsieur de Vaubecourt dit M. le baron d'Haussonville, logé à Etain, où, en deux divers logements, il auroit séjourné trois mois.

Lamothe assiégé dès le commancement de caresme, auquel lieu estoit gouverneur M. Diche, qui l'auroit deffendu valeureusement jusqu'aux environs de la St-Jean, qu'il auroit esté tué.

Bitche aussy assiégé et rendu pendant le printems par composition.

S. A. Charles ayant quitté les Etats de l'Altesse dudit François, son frère, s'estoit, dès l'an précédent, retiré à Besançon, et Madame la duchesse sa femme conduite en France.

Monseigneur le duc Nicolas François (auparavant cardinal de Lorraine), ayant épousé Madame Claude de Lorraine, fille du feu duc Henry, estant l'un et l'autre gardés en leur cour et maison à Nancy, se seroient évadés en habit de paysants, le matin premier avril, et se retiré en Italye.

La compagnie de cavallerie du sieur Daquincourt logé à Etain dès le 26 juin, en seroit sortye le 21 août suivant; elle estoit composée de 90 maîtres et deux cents chevaux ou environ.

Le même jour de la sortie dudit Daquincourt y seroient entrés six compagnies d'infanterie du régiment du sieur de la Maillerey, qui y auroient demeurés jusqu'au douze septembre suivant.

Les moissons de bled et marsages moyennement bonnes.

L'armée de France, conduite par M. le maréchal de la Force, occupoit entièrement la Lorraine, ledit maréchal estant logé à St-Mihiel et y auroit séjourné depuis le 27 juillet (que Lamothe s'estoit rendu audit maréchal qui l'auroit tenu longtems assiégé fort étroitement et où beaucoup de ses gens auroient esté tués) jusqu'au commencement d'octobre, qu'elle auroit tiré en Allemagne après avoir désarmés par toutes les villes et villages de Lorraine.

Au mois de septembre auroient esté donnés de grandes batailles par l'armée de l'empereur, conduite par le roy de Hongrie, et S. A. Charles contre les Suédois et protestants, lesquels auroient esté deffaits et mis en dérouttes en deux ou trois rencontres.

Beau tems et favorable à la vigne au commancement de septembre jusqu'aux vendanges plantureuses et demy-année. Le vin bon, mais cher.

Continuation de beau tems et de victoires de l'empereur et du duc Charles contre les Suédois et protestants d'Allemagne. Monsieur, frère du roy (après la deffaite à laquelle M. de Montmorency fut pris en l'an 1631, et décapité) s'estoit, dès ledit tems, retiré en Bourgogne et depuis en Lorraine, où il avoit séjourné assé longtems, et cependant épousé Madame Margueritte, sœur du duc Charles; mais voyant la Lorraine saisye par les armés du roy, se seroit retiré en la cour de Bruxelles; toutesfois, environ la fin de l'été de la présente année 1634, avoit retourné en France et laissé Madame la princesse sa femme aux Païs-Bas.

L'armée du roy, qu'on disoit estre de plus de cent mil hommes, conduite par M. le maréchal de Laforce et Monsieur le marquis, son fils, estoit, pendant l'automne, sur les frontières d'Allemagne, l'armée impérialle estant d'autant d'hommes ou plus, on espéroit qu'elles viendroient aux mains.

Environ ledit tems, la paix faitte entre l'empereur et le duc de Saxe.

Au même tems on obligea toute la noblesse et tous les officiers de Lorraine et Barrois de prêter serment au roy.

Les tailles anciennes ordinaires et extraordinaires, comme de St Remy, conduits et impôts du bureau, levés comme auparavant, outre icelles d'autres beaucoup plus grandes, par ordonnance du roy, pour payer les gens de guerre.

Le tems très-beau pendant l'automne et les semences extrêmement belles.

La prise de Phresbourg par le duc Charles, place très-importante, et en laquelle le roy avoit un magasin infiny de vivres et autres munitions de guerre.

Depuis les moissons et avant le Noël, la quarte de bled vallant 4 fr., et celle d'avoine 2 fr.

1635.

Le maréchal de Chatillon passant en Lorraine avec une puissante armée environ les Pâques pour aller au Païs-Bas, le régiment du comte de Grandsey, composé de douze cents hommes normants, auroit logé à Etain onze ou douze jours, et vécu à discrétion et coutangé la ville de plus de trente mil frans.

L'armée susditte estant parvenue environ le païs de Liége, auroit eu bataille contre le prince Thomas, qui tenoit pour le roy catholique, l'armée duquel auroit esté mise en routte.

Les François, poursuivant leur fortune, auroient pris quelques places [des] Païs-Bas, notamment Tirlemont, les habitants duquel lieu auroient esté fort mal traités par insolence des soldats; depuis elle auroit assiégé Louvain; mais le siége levé, laditte armée se seroit dissipé pour la pluspart.

Cependant en Lorraine toutes les forteresses estoient ruynées et démolies par commandement du roy, excepté celles où il vouloit tenir garnison.

Toutesfois, quelques villes se seroient révoltés, comme Sierque, Briey et Boulay; ceux de Briey faisant journellement des courses ès éveschés de Metz et Verdun, seroient, à un matin 13 juin, venu surprendre la ville d'Etain à l'ouverture des portes, ayant amené grande quantité de chars, sur lesquels ils auroient chargés jusqu'à 40 ou 50 muids de bled et autant avoyne qu'ils auroient pris ès greniers de la recepte et conduit audit Briey.

Cette surprise et enlèvement auroit apporté un grand

malheur à laditte ville d'Etain et aux habitants, qui auroient esté accusés (combien qu'à grand tort) d'avoir coopéré à laditte surprinse et enlèvement, tellement que pour s'en justiffier il fallut faire plusieurs voiages tant à Metz, Verdun, Bar, veoir jusqu'à Paris, le tout à grands frais.

Peu après et pendant l'été, le prince de Condé auroit assiégé Boulay et le pris par composition, puis venu à Briey, qu'il auroit aussy pris, la garnison s'en estant fuy, de là auroit logé à Etain avec son armée et aux environs, ayant fait démolir les murailles et tours desdits Boulay et Briey.

Cependant Monsieur du Hallier, avec une partye de l'armée dudit prince, seroit allé devant le château de Sancy pour battre, lequel auroit esté quérir trois pièces de canon à Verdun, qui auroient passé, tant en allant que retournant, par Etain avec trois ou quatre cents hommes et logés, à la ruine des pauvres habitants.

Ledit sieur du Hallier retournant dudit Sancy, qui s'estoit rendu par composition, auroit aussy passé audit Etain, et y logé deux jours et deux nuits avec quatre mil hommes, tout dedans la ville, à très-grands frais.

Environ ce tems, le sieur de la Grange-aux-Ormes, bailly de St-Mihiel, auroit venu audit Etain informer contre les habitants de l'enlèvement des grains sus-mentionnés, ayant amené avec lui trois ou quatre cents hommes et y séjourné six à sept jours aux frais des pauvres habitants, ayant esté dépencé plus de six mils frans.

Outre ce que dessus, par commandement de Monsieur le marquis des Fossez, gouverneur de Verdun, auroient esté démolyes et ruinées les tours qui environnoient laditte ville d'Etain jusqu'à douze, treize ou quatorze, au grand regret des habitants, estant choses piteuses et lamentables de veoir démolir de si belles tours batyes plus de cinq cents ans auparavant et qui avoient tant coûté; pour faire laquelle démolition, ledit gouverneur auroit envoyé cinq compagnies de la garnison de Verdun, un ingénieur et quatre-vingts ouvriers, qu'il auroit convenu nourrir l'espace de deux jours et deux nuits, et qui plus est payer les journées desdits ouvriers, selon la taxe qu'en auroit fait ledit ingénieur.

Peu de jours après laditte démolition, quelques coureurs bourguignons, venant souvant faire courses aux villages de l'évesché de Verdun, entroient aucunes fois audit Etain, de quoy on ne pouvoit les empêcher, parce que les habitants auroient esté désarmés par ordonnance du roy, et encore que l'on leur fermât les portes (les deux tours desquelles portes estoient demeurées entières), sy est-ce qu'ils montoient par les ruynes de celles qui estoient abattues.

Joint qu'avant la ruyne desdittes tours, les sieurs de Moranville, frères, estant venus nuitamment avec quelques cents hommes qui tenoient pour S. A., auroient, avec haches et autres instruments, fait ouvertures à l'une des portes (on n'auroit seu les empêcher d'entrer à cause qu'on n'avoit armes) et y auroient demeurés jusqu'au lendemain, qu'on auroit fait en sorte, tant par prières qu'autrement, qu'ils auroient abandonnés.

Cela et l'enlèvement des grains auroit mis les habitants en s'y mauvais prédicament envers les officiers du roy, que laditte démolition auroit esté ordonnée et exécutée.

Donc lesdits Bourguignons faisant leurs courses comme dit est, une troupe estant arrivée près de la ville, partye d'icelle, et jusqu'à 30 ou 40, y auroit entrée par la ruyne de la tour qu'on appelloit le Tonneau, l'autre partye, en pareil nombre ou environ, s'estant porté au finage d'Hermeville, y auroit enlevé quelques bétails, pour récupérer lequel, quelques-uns dudit Hermeville, au nombre de 30 ou 40 hommes et femmes, les auroient suivys jusques aux portes dudit Etain, auquel lieu néantmoins lesdits Bourguignons conduisant ledit bétail, s'estoient arrestés; mais l'autre trouppe de Bourguignons qui auroient entrés à la ville et buvoient en tavernes, entendant l'allarme, craignant quelques surprises, seroient incontinent montés à cheval, et voyant la porte haut fermée, auroient descendus à celle de bas, où estoient lesdits de Hermeville avec armes, qui querelloient les bourgeois, leur imputant la prise de leurdit bétail et les accusant de soutenir lesdits Bourguignons.

Tellement que lesdits cavaliers, pour s'esquiver, passant dans l'eau au-dessous du pont, lesdits de Hermeville leurs auroient tirés plusieurs coups de mousquet et harquebuses sans effet néantmoins, sinon qu'ils auroient écartés lesdits cavalliers et fait fuir jusqu'à au-delà du moulin; mais s'estant raliés, ils auroient retournés et donnés sur lesdits de Hermeville qui auroient pris la fuitte vers le bois et par la prairye, mais estant à pied, ils ou la plupart auroient esté ratrapés, tellement que douze ou treize, tant hommes que femmes, auroient esté tués et demeurés sur le lieu, ce fait, les cavaliers auroient rentrés audit Etain, où ils auroient pris prisonniers quelques autres dudit Hermeville qui y étoient rentrés, nottamment le sieur de Triere et les emmenés.

Pour lequel fait la pauvre ville auroit esté de tant plus affligée, ceux dudit Hermeville ayant conçu une haine mortelle contre les habitants, et non seulement eux, mais tous ceux des villages de l'évesché et chapitre sembloient avoir juré leur ruyne, car aucun de la ville n'eut osé sortir, tous ceux qu'ils rencontroient estant pillés, battus et excédés, même rançonnés, comme s'ils eussent esté de guerre, et pour ce faire, s'amassoient en troupeau et n'étoit moyen de leur résister.

Et comme la guerre s'allumoit de plus en plus et qu'il n'y avoit aucune sûreté à la ville, plusieurs bourgeois qui désiroient conduire leurs biens à Dampvillers, Montmédy et Marville, n'osoient se mettre en chemin, ceux qui hasardoient et étoient rencontrés perdoient tout, ou bien falloit composer à grosses rançons, et bien souvent en danger de perdre tout et la vie même.

Peu de tems après, sçavoir au commencement de l'automne, arriva le soulèvement qui causa la ruyne du pays, car M. de Lénoncourt de Serre, ayant trouvé moyen de s'emparer de St-Mihiel par surprise, y auroit, peu de tems après, esté assiégé par le roy en personne avec une puissante armée, et ayant tenu cinq ou six jours, voyant qu'on battoit de furie, se seroit rendu à la discrétion du vainqueur combien (à ce qu'on disoit) que se soit esté contre sa volonté, mais par l'entremise des habitants, qui auroient esté pris à mercy, moyennant la somme de cinq cent mille frans d'amande; ledit sieur de Lénoncourt et le sieur de Salin, de Maruimbois, menés prisonniers à la Bastille, à Paris, les présidents et plusieurs conseillers fugitifs condamnés à mort, exécutés en planchette et leurs biens confisqués par jugement souverain du sieur de Villarseau, intendant de la justice ès duchés de Lorraine et Barrois.

Les soldats, jusqu'au nombre de cinq ou six cents, condamnés et conduits en grande misère aux galères.

Aussitôt après la prise de St-Mihiel, toutes les tours, murailles, châteaux et autres fortifications furent rasés, les bourgeois fort affligés, soutenant la gendarmerie au nombre de huit ou dix mil hommes.

Les prévôtés du bailliage dudit St-Mihiel ayant esté destinées pour contribuer audit lieu, la ville et prévôté d'Etain auroit esté cottisé avec celle de Conflans et Norroy, solidairement à seize cent soixante frans pour chaque cinq jours envers le capitaine Quarquois, les gens duquel, en nombre de soixante cavalliers, estant venus à Etain, auroient enlevé le maire et trois des plus notables bourgeois dudit lieu, les menés prisonniers audit St-Mihiel, où ils auroient esté contraints donner caution pour les cinq premiers jours et payer laditte somme solidairement, ayant néantmoins obtenu surcéance du surplus par l'entremise de M. le marquis des Fossez, qui en auroit escript à M. le comte de Thianges, gouverneur pour lors et commandant à l'armée dudit St-Mihiel.

Peu avant ledit siége de St-Mihiel, M. le marquis de Blainville ayant mis sur pied un régiment de quinze compagnies, tant cavallerie qu'infanterie, seroit entré audit Etain et y séjourné trois semaines ou environ, tenant le party de S. A.

Les moissons de laditte année 1635 assé bonnes et planturcuses; mais l'armée, conduite par le prince François de Lorraine, évesque de Verdun, qui estoit de cinq ou six mil hommes, ayant esté logé ès villages des prévôtés d'Etain et Conflans, et des éveschés et chapitre de Verdun, où elle auroit fait long séjour, auroit dissipé une bonne partye des grains, ayant trouvé les granges pleines et le vin nouvellement vendangé, dont ils auroient fait un merveilleux dégât, tous les sujets desdits éveschés et chapitre ayant esté contraint absenter et eux retirer à Verdun ou dans les bois, où aucuns mouroient de faim, et leurs biens, tant grains que meubles et bétails, perdus.

Les vendanges aussy moyennement bonnes et les vins

bons, principalement au Barrois, mais les charrois difficiles et dangereux.

L'automne beau et secq ; la quarte de bled vallant 6 fr., l'avoine 3 fr.

Les maux ci-devant récités, quoyque grands, n'estoient rien en comparaison de ceux qui advindrent au commencement de l'hiver, car environ le jour de St-Nicolas, on receut nouvelles que l'armée suédoise, conduite par le prince de Veymar de Saxe, avoit son département ès prévôtés de Briey, Conflans, Norroy-le-Secq, Etain et toute la Woipvre, pour y passer le quartier d'hiver, le logement et quartier général du prince estant à Etain, on fut quelques jours qu'on ne vouloit croire les mauvaises nouvelles et jusques environ le 20 décembre que toute laditte armée seroit venue descendre du costé de Metz et occuper tout le pays avantdit en très-grand nombre et presque toute cavallerie, aucuns abandonnoient avant leur arrivée et se retiroient où ils pouvoient mieux, au grand danger de leurs vies et perte de ce qu'ils transportoient ; car, pensant éviter un mal, ils tomboient à un autre par la rencontre des voleurs qui estoient sur les chemins.

Ceux qui croyoient pouvoir subsister audit Etain y demeurèrent, mais la pluspart furent contraints abandonner, tant pour les torts, excès et outrages que lesdits Suédois commettoient aux personnes et aux biens, estant souvent battus, questionnés, rançonnés et pillés, que pour autant qu'il estoit impossible soutenir les frais d'un tel logement, qui estoit aucune fois de quatre mils personnes et plus dans laditte ville, les villages n'estant moins foullés, tellement que les uns demeurant ès maisons, les autres pensant garantir leurs vies dedans les bois, et ailleurs où ils pouvoient mieux, mouroient de froid, de famine et autres pauvretés , plusieurs estant rencontrés ou desdits Suédois ou des volleurs ; cependant le bled auroit enchéri, la quarte se vendant jusqu'à 15 ou 16 fr., l'avoine 4 fr.

Cet insupportable logement dura neuf semaines audit Etain et lieux voisins, et outre les maux avantdits, toutes les maisons estoient dérompues et ruynées, pleines d'immondices, tant des personnes que des chevaux, joint que pendant tout ledit tems il fit des pluyes continuelles, qui rendoient tant de fanges et immondices par les villes, villages et chemins, qu'on ne pouvoit aller ny venir.

1636.

Ceux qui se trouvèrent après ledit logement pensoient estre sauvés et délivrés de tous leurs maux, mais ils n'estoient encore aux plus grands, et tout ce qui estoit passé n'estoit rien en comparaison de ce qui survint incontinent après, car dès le jour du département desdits Suédois ou le lendemain, les gens de l'armée de l'empereur, qui estoient avancés jusqu'au duché de Luxembourg, voir jusques aux environs de Longwy, en très-grand nombre et jusques à 60 ou 80,000 hommes, Hongrois, Crawatres, Pollacques ou Pollonnois, commancèrent à courir par tout le pays de Lorraine, pillant tout ce qu'ils trouvoient, viollants filles et femmes, prenants les hommes prisonniers qu'ils mettoient à la ghenne et question, commettant les plus horribles cruautés que jamais auparavant on ait entendu parler, car on estimoit bien heureux ceux qui ne passoient que par le tranchant de leurs sabres aux prix de ceux qu'ils pendoient, qu'ils brûloient à petit feu, qu'ils écorchoient et attachoient par les génitoires après des arbres et les laissoient ainsy pendus, et enfin qu'ils faisoient mourir par des tourments inauditz; n'avoient égard à gens d'église, à hommes, femmes, vieux ny jeunes, pilloient les églises, brûloient les bourgs et villages partout où ils alloient, après avoir tout rompus, églises et maisons, pour trouver ce qu'on avoit caché, y furent l'espace de trois mois ou environ à faire tels ravages, n'ayant égard à François, Lorrains ni autres nations, tout leur estoit ennemis et personnes ne leur faisoit résistances.

Pendant tels courses et ravages, les bourgs et villages estoient du tout abandonnés et déserts, n'y demeurant aucunes personnes, sinon quelques-uns qui se hasardoient d'y demeurer pour piller les biens de leurs voisins qu'ils sçavoient estre cachés, et pour recueillir ce que lesdits Crawatres laissoient ès maisons, qu'ils ne vouloient emporter ni s'en empescher, comme vaisselle de cuivre, fer et autres choses semblables, qu'ils portoient vendre où ils pouvoient mieux, et les donnoient à très-vil prix; ce qui valloit auparavant un franc, n'en faisoient proffit que d'un gros, et en ce faisant mettoient en grand danger de leurs vies, estant souvent rencontrés desdits Crawatres.

Les pauvres gens retirés au proffond des bois mouroient de faim et de froidures, bonne partye s'estant retirés à Metz et Verdun; mais quant aux Lorrains, ils estoient déchassés de tous lieux, et n'estoient receus à Metz ni à Verdun, tellement qu'ils mouroient devant les villes en très-grande pauvreté.

Au commancement des moissons, lesdits impériaux auroient laissés la Lorraine et entrés en France par divers endroits, commettants leurs cruautés envers les François comme ils auroient fait envers les Lorrains, contre lesquels le roy auroit dressé une puissante armée.

Cependant on auroit eu tems en Lorraine de faire les moissons de bled et non de marsages, car on n'avoit labouré de mars peu ou point; mais comme on avoit commancé, les pluyes auroient survenus et continués quasi tout du long de l'été, tellement que les bleds qui estoient en grande abondance auroient esté en partye germés et gâtés.

Pendant laquelle saison on mouroit de peste presque universellement, nottamment à Verdun, Damvillers, Montmédi, Marville, le bourg d'Ornes et autres lieux où le peuple de la campagne s'estoit retiré, desquels n'est resté que bien peu de personnes en vie; à cette occasion bonne partye des bleds demeuroient aux champs, autre partye estoit moissonnée par les propriétaires et l'autre partye par ceux qui les vouloient prendre, la quarte ne vallant que 3 ou 4 fr.

C'estoit horreur de veoir les bourgs et villages inhabités, ruynés et incendiés, y aiant des villages où il n'estoit demeuré que sept à huit personnes, où ils estoient avant plus de deux cents.

La saison d'automne s'approchoit fort, et sy le peu de personnes qui se retiroient en leurs lieux ne faisoient état de labourer, car il n'y avoit que fort peu de bestes traiantes, tout aiant esté pris, perdus et dissipés par lesdits Suédois et Crawatres, comme aussi toutes autres espèces de bestails, y aiant plusieurs villages où il n'en estoit resté une seule, joint qu'il estoit demeuré des garnisons en plusieurs châteaux, comme Fléville, Gondrecourt, Bouvigny, Tichemont, tant François que Lorrains, à raison desquels on n'osoit mettre en campagne le bétail.

Les bleds, depuis les moissons, auroient encore rabaissé de prix; mais quant à toutes espèces de chairs, elles estoient rares et fort chères, le quartier de mouton valant un écu.

Outre la démolition des tours qui environnoient la ville d'Etain, les habitans avoient reçu commandement, dès l'an précédent 1635, très-exprès dudit sieur marquis des Fossez, de ruiner et démolir les murailles de laditte ville, ce qu'ayant esté commancé pendant l'automne de laditte année 1635, le sieur marquis de Blainville y estant entré avec son régiment, comme est dit cy-devant, on avoit discontinué.

Il y avoit grand planté de foing et fruits champêtres en laditte année 1636, mais il auroit pour la pluspart demeuré sur les lieux.

Les vendanges assez plantureuses, mais le vin petit et les charrois difficiles.

Les guerres continuant, on n'auroit que bien peu labouré et ensemencé de voyen, et en beaucoup de villages, point du tout.

1637.

L'hiver assé beau par gelées non trop rudes, qui auroient duré jusqu'au mois d'avril ; les bleds en assé bon prix, la quarte ne vallant, environ les Pasques, que 6 fr.

Le vin aussy en assé bon prix ès grosses villes, fort cher ailleurs, d'autant qu'on n'en pouvoit point tirer hors desdittes villes.

Au mars, on n'auroit labouré que bien peu, car tant peu de chevaux qu'il y avoit, on n'osoit les mettre en campagne, estant à tout coup pris et pendus, joint qu'on ne trouvoit point d'avoine pour semer.

La chèreté des chairs continuant, car un bœuf valloit 150 fr., une vache, 100 ou 120 fr., un mouton, 25 ou 30 fr.

La guerre aussy continuant et s'allumant de plus en plus entre les deux roys, les pauvres Lorrains, toujours en craintes dedans les misères et calamités, chassés des villes, pillés, rançonnés et chargés de grosses contributions.

Les moissons, tant de bled que marsages, fort petites,

d'autant qu'on n'avoit labouré que fort peu, et ce qui estoit creu demeuré fort maigre et aride à cause des challeurs et seicheresses, car le printems et l'été auroient esté presque sans pluyes, et d'ailleurs les souris estoient en telle quantité aux champs, villes et villages, qu'elles mangeoient et détruisoient ce qui estoit en campagne et aux greniers, tellement que l'on n'auroit que fort peu moissonné.

La quarte de bled ayant monté dés le mois d'août à 12 fr.

La vigne et le fruit d'icelle en très-bon état et en très-grande quantité.

Pendant l'été, le bruit estoit que les Allemands et Crawatres revenoient en Lorraine, comme de fait, leur armée estoit jà ès environs de Trèves.

Le roy auroit fait advancer une armée au duché de Luxembourg, conduite par le maréchal de Chatillon, laquelle d'abord auroit pris quelques châteaux en Lorraine, comme Villoyne, Lucy, Morvaulx, la ville de Chavency et assiégé Yvoy après avoir ruiné lesdits châteaux.

Es environ l'Assomption Notre-Dame de laditte année 1637, ledit maréchal de Chatillon auroit mené laditte armée devant Dampviller, qu'il auroit assiégé; elle estoit tellement remparée et fortiffiée, qu'on la jugeoit imprenable, les tranchées faittes et les batteurs opposés contre les bastions et remparts du costé de l'église, on auroit commancé à tirer environ le 27 septembre, tellement qu'on auroit abbatu le clocher et la vouture de l'église; mais comme tout cela n'estoit capable de faciliter l'escallade, on auroit fait des allées souterraines pour approcher le fossé, qu'on auroit passé par des galeries jusques contre les remparts, sous lesquels on auroit minés, et environ le 24 octobre fait jouer la mine, qui auroit fait telle brèche, que le régiment de .... y seroit entré ; toutesfois, les assiégés auroient tenus bon dedans leurs retranchements, jusqu'à ce qu'ils eurent obtenus composition, par laquelle ils auroient sorty armes et bagages, le sieur de Stassin, qui y commandoit, l'ayant rendue parmy des conditions honorables ; les assiégeants ayant esté favorisés d'un beau tems pendant leur siége.

Ledit siége auroit enchéry les bleds, avoyne, foing et toutes sortes de vivres et denrées, telle que la quarte de bled auroit monté à 16 fr.; toutes sortes de chairs extrêmement chères.

Les soldats dudit siége, pendant iceluy, couroient ès environs jusqu'à dix ou douze lieues et en ce faisant, achevé la ruyne des bourgs et villages, qui en seroient demeurés inhabités, tellement qu'on n'auroit labouré ny ensemencé du voyen en aucun lieu desdits environs, comme on n'auroit fait presque par toute la Lorraine ; car lesdits coureurs prenoient chevaux et bétails et tous autres choses qui pouvoient leur servir, rompant et ruynant les maisons pour en tirer les fers et barreaux des fenêtres, et les bois des maisons des villages proche dudit Dampviller pour s'en chauffer et accommoder leurs loges et cabannes.

Les vendanges de laditte année plantureuses et le vin très-bon.

Peu auparavant le siége dudit Dampviller, l'armée de France conduite par..... auroit pris Landrecy, duquel lieu M. le baron d'Haussonville auroit esté fait gouverneur.

L'hiver beau par gelées qui n'auroient duré longtems, mais tellement aspres, que le bois de la vigne, en quelques lieux, auroit esté gelé et gâté.

1638.

Peu de bled estoit ensemencé, car pour un village où on avoit quelque peu labouré, il y en avoit dix auxquels on n'avoit labouré pour tout, car il n'y avoit que fort peu de chevaux et autres bétails, d'autant qu'ils estoient tous les jours enlevés des gens de guerre de l'un ou l'autre partye.

La guerre continuoit toujours, mais ce n'estoit en ces quartiers que contre les pauvres gens et ceux qui osoient se hasarder pour aller quelque part chercher vivres ou marchandises pour gagner et sustenter leurs vies.

Les grains continuant à leur cherté, causoient la mort de plusieurs pauvres gens qui n'ayant de quoy eux sustenter, mouroient de faim. C'estoit horreur d'entendre que aucuns estoient contraints de manger des corps humains morts, nottamment vers la Vosge, où la famine estoit très-grande.

C'estoit pitié aussy de veoir les villages ruynés, incendiés et du tout abandonnés et inhabités.

L'été de laditte année grandement chaud et fort peu de pluyes.

Il ne faut parler des moissons de bled et grains, car il n'y en avoit point ou fort peu; des foings, on en prenoit où on vouloit.

Les fruits des arbres, tant domestiques que champêtres, estoient en grande quantité.

Les chaleurs continuants auroient, sur la fin du mois d'août, causés des fièvres universellement et à toutes personnes indifféremment, tellement en une maison où elles estoient cinq ou six, s'y elles n'estoient malades toutes ensemble, s'y l'estoient-elles l'une après l'autre, personne n'en estant exempte, mais peu en mouroient.

Toutesfois s'estant changés en quartes, auroient continués et durés tout du long de l'année, principallement à l'endroit des vieilles gens, dont plusieurs sont morts.

Les vendanges de petit rapport; la quarte de bled, 16 fr., la quarte d'avoine, 4 fr.

1639.

Les mois de mars et avril sans pluyes; continuation de guerre entre les deux roys et courses des Bourguignons de Montmédy et lieux voisins dedans les éveschés et frontières de France.

La nuit avant le vendredy saint, 21 avril, auroit esté sy froide par gelées, qu'elle auroit entièrement perdu les raisins, qui paroissoient fort beaux et en très-grande quantité.

Continuation du prix de la quarte de bled à 15 fr.

La Lorraine demeure inhabitée presque partout, et quant aux places, il n'y avoit que Valdrefanges, Sierque et Longwy qui tiennent pour S. A.

Les mois de may et juin secqs, mais les gelées blanches et froidures auroient continués, faisant froid au mois de juin plus qu'il n'avoit fait à Noël.

Les bleds et grains toutesfois assé beaux pour le peu qu'il y en avoit.

L'armée conduite par M. le marquis de Feuquière, gouverneur de Verdun, campée devant Thionville, environ le commancement dudit mois de juin, et le mardy sept dudit mois, laditte armée auroit esté attaquée par les généraux Piccolome et Begue, qui l'auroient mise en routte, fait lever le siége et taillé en pièce bonne partye de l'infanterie, ledit seigneur marquis fait prisonnier, mené audit Thionville, grandement blessé, où il est mort quelques semaines après.

Picolome et Begue (ledit siége levé) auroient conduit leur armée avec quelques canons devant les châteaux de Sancy, Bouvigny, Gondrecourt et Mangienne, lesquels auroient esté pris et pillés.

Celuy qui commandoit audit Bouvigny pendu à la porte, et le château de Mangienne brûlé.

Dudit Mangienne laditte armée auroit assiégé et battu Mousson par quelques jours, mais ledit Picolome l'ayant abandonné, seroit allé vers les Païs-Bas pour secourir Hesdin que le roy auroit fait assiéger; mais le maréchal de Chatillon, avec ses trouppes, ayant donné secours audit Mousson, auroit aussy empêché ledit Picolome de secourir Hesdin, qui, peu après, fut pris.

Pendant ledit tems on alloit quérir les bleds en France, comme à Châlons, Reims et autres lieux où il s'en trouvoit plantureusement, lequel on amenoit à Verdun, Metz et Dampviller, avec hasard, car il n'y en avoit point en Lorraine.

L'armée dudit Picolome estant revenue à l'entour dudit Mousson, s'y seroit campée à Vance, et celle dudit maréchal de Chatillon l'ayant suivye, se seroit campée à deux lieues, près la rivière de Meuse, entre deux, et ainsy demeuré jusqu'à la fin du mois d'août que ledit sieur maréchal de Chatillon seroit venu se camper sur laditte rivière, à Cons-en-Vuoy.

Ivoy pris en ce tems par ledit maréchal de Chatillon, rasé entièrement, même l'église.

Les gens desdittes armées faisoient courses plusieurs lieues long, prenoient et emmenoient tout ce qu'ils rencontroient.

Les moissons où on avoit labouré assé bonnes, principalement en marsages, mais les grains chers à cause desdittes armées.

Les vendanges de fort petit rapport, la queue de vin vallant 200 fr. à Verdun et ès environs.

Les fruits des arbres entièrement failli.

En laditte année 1639, toutes les saisons auroient esté pervertyes, car l'hiver doux et agréable, le printems froid, ayant gelé presque tous les jours; l'été pluvieux et l'automne beau, chaud et secq, tellement que l'hiver auroit esté printems, le printems hiver, l'été automne, et l'automne été.

Les grains chers, la quarte de bled vallant 12 à 13 fr. à Verdun la quarte orge, 7 fr., la quarte avoine, 4 fr.

Choses remarquables : une femme, au bourg d'Ornes, accoucha de quatre enfants masles, qui furent baptisés, et peu après moururent.

1640.

Continuation de guerre entre les deux roys, courses ordinaires des Bourguignons dedans les éveschés et frontières de France, jusques à Châlons, foulles et oppressions des pauvres gens par courses, pilleryes et contributions.

L'hiver doux et sans froidures jusqu'au 20 janvier que les froidures auroient commancés par gelées, neiges, pluyes et vents, et continué par tems divers et fort fâcheux jusqu'au 15 may.

Les grains toujours chers, la quarte de bled vallant 14 fr. et l'orge 9 fr.

Nonobstant les pluyes, vents et autres fâcheux tems, les bleds ensemencés et les arbres n'auroient laissé de s'advancer, lesdits bleds estant très-beaux ès costeaux et lieux secqs, mais le labeur des mars très-difficile à cause des pluyes.

Environ le 16 may, le tems fâcheux et pluvieux se seroit changé en beau et chaud tems, tellement que la vigne, qui n'estoit encore advancée, auroit en peu de jours fait parroistre ses raisins; on voyoit aussy les bleds, les marsages et les arbres fleurys et bien préparés, ce qui faisoit espérer une bonne et plantureuse année de touts biens ès lieux où on avoit labouré; mais presque tous les villages de Lorraine estoient inhabités, et les finages sans cultures.

A Verdun, la quarte de bled valloit 10 fr., à raison de 3 fr. 6 gr. le franchard; la quarte d'orge 6 fr., et la quarte d'avoine 3 fr. 6 gr.; mais aux villages et bourgs, ils estoient plus chers.

Le château de Sancy, assiégé par M. du Hallier, lieutenant-général du roy ès duchés de Lorraine et Barrois, rendu le 14 juillet et démoly.

L'armée retournant dudit siége auroit passé ès environs d'Etain et ruiné ce que les pauvres gens avoient mis aux champs, et de là tiré vers Verdun.

Le siége d'Aras par l'armée du roy environ le commancement de juillet; rendue par composition environ le 15 août.

Les moissons de bled assé bonnes ès lieux où on avoit labouré, mais difficiles à cause des pluyes; peu de marsages.

Courses ordinaires des Bourguignons du duché de Luxembourg au pays verdunois et frontières de France.

L'été n'ayant esté chaud, ains pluvieux, comme pareillement l'automne, auroit causé les vendanges de petit rapport et les vins petits.

L'hiver ayant commancé dès le 15 octobre par gelées, auroit continué avec neiges et froidures jusqu'au 20 janvier.

1641.

Le 23 janvier auroit fait un grand orage et vent tempestueux avec éclairs et tonnerre, comme sy ce fut esté au cœur de l'été.

Peu après, les gelées, neiges et autres tems d'hiver auroient recommancé et duré jusqu'à la fin d'avril, et depuis, les pluyes estant survenues auroient continués jusques au 20 may, tellement qu'il auroit fait sept mois d'hiver.

Néantmoins les gelées n'ayant esté extrêmes ny trop rudes, les semences, tant de bleds que de marsages, se montroient belles, et les arbres, tant domestiques que champêtres, nottamment les pommiers, bien préparés.

La vigne, tardive à cause du long hiver, faisoit aussy paroître grande quantité de raisins, tellement qu'on espéroit une bonne année de tous biens.

La guerre continuant entre les deux roys et les courses des gens de guerre faisoient que les vivres estoient fort chers, la quarte de bled vallant 12 fr., le conseigle 9 fr. et jusqu'à 10 fr., l'orge 7 fr. 6 gr., le pot de vin 1 fr., la chair fort chère et rare.

Les villages estoient toujours pour la pluspart inhabités; ceux auxquels restoient quelques personnes s'estoient contribués, mais ils n'osoient tenir chevaux ny bestail, d'autant que les voleurs estoient sy fréquents qu'ils estoient tous les jours enlevés, tellement qu'ès années 1636, 37, 38, 39, 40 et 41, les pauvres villageois estoient contraints de labourer la terre pour eux substanter avec besches et houaux, et ce que déplorable estoit de les veoir s'atteller et tirer eux-mêmes la charrue comme chevaux.

Environ le commencement de laditte année 1641, le duc Charles de Lorraine auroit quitté le party de l'empereur et se retiré en France, ayant, environ les Pasques, esté trouver le roy à Paris faire accord avec luy, par lequel le bruit estoit qu'il quittoit et délaissoit au roy Clermont, Jametz,

Sathenay et Dun avec tous les villages en dépendant. De ce prétendu accord (qu'on disoit estre fait du gré de l'empereur et du roy d'Espagne), les pauvres Lorrains espéroient un grand soulagement par une paix ou neutralité, demeurant toutesfois en craintes, d'autant que le bruit commun estoit que Saditte A. prenoit les armes pour ledit roy de France contre l'Espagnol.

Le siége de Sedan par l'armée du roy conduite par le maréchal de Chatillon. Bataille donnée à laditte armée par le général Lamboy avec quelques princes de France qui s'estoient ligués contre le roy, qui auroient contraint ledit maréchal de Chatillon de lever le siége avec perte des siens; mais le comte de Soissons, chef de laditte ligue, auroit esté tué en laditte bataille, ce qu'auroit causé que tost après lesdits princes se seroient accordés avec le roy.

Domchery pris par ledit Lamboy et peu après repris par l'armée du roy.

Airre en Artois pris par l'armée du roy après un long siége.

Les moissons de bled de petit rapport, mais quant aux orges et avoines, plantureuses.

Les vendanges aussy pour la quantité assé bonnes, mais le vin petit à cause de quelques rudes gelées qui avoient de quelques jours précédés lesdittes vendanges.

La saison d'automne assé belle, propre au labourage, tellement que les semences parroissoient belles à la fin d'octobre.

On avoit toujours espérance que l'accord fait entre le roy et S. A. sortiroit son effet et seroit publié, mais tout auroit esté rompu.

Les bleds et grains demeurants chers, la quarte de bled vallant 12 fr. et plus, la quarte d'orge 7 fr. 6 gr., l'avoine 3 fr., le pot de vin 9 gr.

L'hiver commançant de bonne heure par pluyes, nottamment sur la fin de novembre, qu'elles auroient esté sy grandes, que partout les rivières auroient esté débordées, tellement que celle de Meuse auroit fait de grands ravages, nottamment à Verdun, où elle auroit rompu tous les ponts, ruiné plusieurs moulins, maisons et édifices, avec perte de beaucoup de meubles, n'ayant jamais auparavant esté veu tels ravages d'eaux.

Airre en Artois repris.

Au mois de décembre, neiges extrêmes, et en janvier 1642, grandes pluyes qui auroient continué tout du long de l'hiver, ayant fait fort peu de gelées.

1642.

Le printems de laditte année auroit fait paroître les semences fort belles; le mois de mars commode pour la laboure; les vignes montrant grande quantité de raisins, tous les arbres bien fleurys avec espérance d'une bonne et fertille année de toutes sortes de biens.

La guerre continuant toujours, les villageois extrêmement fatigués de courses, pilleries et volleries en leurs personnes, chevaux et bestails, et outre ruynés de tailles et contributions, tous les villages de Lorraine estant cottisés à de grandes sommes, tant aux Bourguignons, Lorrains tenants garnisons à Longwy, et à Nancy pour les François.

Les vivres toujours plus chers, la quarte de bled vallant 16 fr., l'orge 12 fr., l'avoine 6 fr.; le vin à bon prix, mais petit.

Le mois de may et jusqu'au 15 juin tems froid et secq, et depuis ledit jour 15 juin jusqu'au 15 juillet suivant, pluyes continuelles qui auroient grandement profité aux grains et marsages, mais estant froides avec mauvaise constitution de l'air, elles auroient fort incommodés la vigne et retardés la maturité de tous biens de la terre, ne s'estant passé un seul jour depuis le 12 ou 15 juin jusqu'au 15 de juillet qu'il n'ait fait pluyes, vents et autres mauvais tems, que jamais auparavant on n'avoit veu tel.

Les moissons de bled médiocrement bonnes, celles de marsages du tout plantureuses, mais l'un et l'autre des grains fort empirés par lesdittes pluyes qui auroient continués, en sorte que quinze jours après la St-Remy, les marsages n'estoient entièrement moissonnés.

Les vendanges petites et infructueuses à cause desdittes pluyes, estant choses bien étranges d'avoir esté toutes les saisons de laditte année pluvieuses, n'ayant fait trois jours de suitte de beau tems que la pluye n'ait recommencée ; enfin on n'avoit jamais auparavant veu une année sy humide et pluvieuse ; mais, chose remarquable, qu'il ne s'est passé aucun mois de laditte année sans gelée et autres choses aussy remarquables qu'en la précédente 1641, il auroit gelé à glace pendant les jours caniculaires.

Continuation de guerres entre les deux roys et de S. A. Charles, duc de Lorraine, contre la France, ne restant à Saditte Altesse, en tous ses pays, que Lamothe, Biche, Longwy, Valdreffanges et Sierque, auquel lieu se tenoit là Cour Souveraine en laditte année.

Continuation aussy des contributions et de la cherté des vivres, depuis les moissons comme auparavant.

Le commencement de l'automne assé beau, et les semences belles ; mais les pluyes continuant, on n'auroit labouré tant qu'on espéroit.

La guerre de la Catalogne ; prise de Perpignan, ville capitale, par les François. Le sieur d'Haussonville fait gouverneur de laditte ville et pays.

1643.

Le commancement de l'hiver et jusqu'à la Chandeleur fort doux et presque sans gelées; et depuis ledit jour jusqu'à la fin du mois d'avril, gelées, tellement qu'au commancement de may, rien n'estoit advancé.

La mort de ce grand cardinal Armand du Plessys, tant craint et redouté. Il estoit appellé le cardinal de Richelieu, cardinal-duc et Son Eminence. Sa mort arrivée environ le 12 décembre 1642. Il avoit esté enterré à la Sorbonne de Paris, depuis déterré par les siens, craignant qu'il ne feut enlevé pour être traité comme avoit autrefois esté le marquis d'Ancre. Les poëtes françois ont escript une infinité de vers, les uns à sa louange, les autres le blasmant.

Les pauvres villageois grandement travaillés, car outre les contributions, on prenoit les hommes pour aller à la guerre, nottamment ceux qui avoient auparavant porté les armes; pour quoy éviter, plusieurs s'absentoient.

Les communautés en Lorraine estant contraintes se cottiser et les rachetter pour éviter la furie de ceux qui les cherchoient, tellement qu'il ne restoit que peu de gens aux villages.

La mort du roy de France, Louis 13, le jour de l'Ascension Nostre-Seigneur 1643.

Les grains chers, la quarte de bled vallant 12 fr., celle d'orge 8 fr., celle d'avoine 5 fr., le tout au bichet de Bar.

Rien n'estoit advancé au commancement de may à cause des froidures qu'avoient durés jusqu'audit tems, mais le beau tems commode à la maturité des biens estant arrivé et continué jusqu'au tems des moissons, on auroit veu une belle préparation tant de grains que de raisins.

La guerre entre les deux roys continuant, les armées estant à l'entour de Raucroy, celle d'Espagne auroit esté défaitte par celle de France, conduite par le duc Danguyen, environ le commancement de juin.

Et le 16 dudit mois, ledit duc Danguyen auroit assiégé Thionville qu'il auroit tenu fort étroitement et battu furieusement jusqu'au 8 août suivant, qu'elle se seroit rendue par composition, plusieurs personnes notables, tant des assiégeans que des assiégés, tuées, nottamment le gouverneur de la place, nommé monsieur de Mortuair (?), et des assiégeans, les marquis de Gevre et de Lénoncourt.

Après la prise de Thionville et les brèches et démolitions réparées, l'armée, conduite par ledit duc Danguyen, auroit pris Sierque; ce fait, elle auroit tiré vers Longwy, et tenoit, ou qu'elle seroit assiégée, ou bien Montmédy; toutesfois, après avoir esté quelques huit jours par les campagnes, elle se seroit jointe avec celle du duc d'Angoulême (qui avoit esté un mois et plus ès environs de Verdun, Tilly et sur la rivière de Meuse), s'estant rencontrés en la prévôté d'Arrancy, et logé ès villages de Nouillonpont et Rouvroy, seroient ensemblement retourné en France, ayant passé et repassé à Etain, et y logés, tant en venant que retournant, ruyné et réduit le peuple en pauvreté, prenant les grains et marsages qui n'estoient encore moissonnés, et les bleds ès granges et ailleurs où ils les trouvoient.

Les moissons de bleds et marsages assé bonnes ès lieux où n'avoient esté lesdittes armées; néantmoins, la cherté des grains continuant, tant à cause du passage des armées que des guerres, la quarte de bled vallant 10 fr., celle d'orge 7 fr., et l'avoine 4 fr. 6 gr.

Les vendanges à demy-année; le vin petit à cause des froidures arrivées avant la maturité des raisins; le pot se vendant 1 fr. 16 gr. et 18 gr. à cause des charrois qu'estoient difficiles et dangereux.

Victoire obtenue en Allemagne par S. A. et autres chefs de l'armée impérialle contre les Waimarois (l'armée de Saxe-Weymar) et Guebriant, leur chef. Le général Guebriant mort au mois de novembre 1643.

1644.

L'hiver ayant commancé par gelées dès la St-Luc, auroit continué par pluyes, vents, orages et autres fâcheux tems, jusques au commancement d'avril, même audit commancement auroit fait trois ou quatre jours de pluyes continuelles qui auroient causé de grands et extrêmes débordements des ruisseaux et rivières.

La nuit d'entre les 22 et 23 février auroit fait de grands vents, gresles, tonnerres et éclairs épouvantables.

Pendant ce tems, les partys de soldats, François, Bourguignons et Lorrains, estoient si fréquents, qu'il estoit impossible se mettre en campagne sans être rencontrés, volés et dépouillés.

Environ le cinq avril, le beau et doux tems estant arrivé, les vignes et arbres auroient poussés, tellement que dedans le 15 ou 16 on voyoit une préparation très-belle, et faisoit espérer qu'on auroit des vins et fruits en très-grande abondance, car il ne se pouvoit veoir un seul arbre qui ne fût bien fleuri; mais les gelées estant survenues dès le pénultième dudit mois d'avril, avec vents froids, gresles et autres mauvaises constitutions de l'air, et duré jusqu'au douze de may, les fruits des vignes et fleurs des arbres auroient esté presque entièrement perdus, gelés et gâtés.

Et comme pendant ledit tems il n'auroit point fait de douceur ny de pluyes, les grains, tant bleds que marsages, seroient demeurés en mauvais état.

L'été fort secq, quasy sans pluyes, les moissons de bleds

et d'autres grains bien petites, la quarte de bled vallant, incontinent après les moissons, dix frans, la quarte d'orge sept frans, et celle d'avoine cinq frans.

Les vendanges petites, mais les vins fort bons.

Continuation des guerres, payement des contributions, foule et oppression des pauvres peuples, passages d'armées en Lorraine, nottamment de mil chevaux conduits par Magaloty, vénitien, pour le service du roy.

L'automne beau et le tems propre pour la laboure, les semences fort belles.

L'hiver assé doux et non extrême en froidures.

1645.

Le printems fort beau, le mois de mars commode pour le labourage, les mois d'avril et may secqs avec chaleurs véhémentes pendant ledit mois de may, et sans pluyes, du moins fort peu.

Les arbres, tant domestiques que champêtres, fort bien fleuris et préparés, les bleds très-beaux, et une telle quantité de raisins aux vignes, qu'on ne pouvoit en souhaiter davantage, le tout promettant une très-bonne et plantureuse année.

Continuation de guerres. La Mothe assiégée par l'armée du roy dès le commancement du printems : commandant au camp le général Magaloty, et en la ville, pour S. A., le sieur de Clicquot.

Le siége ayant continué quelques mois, auquel ledit Magaloty auroit esté tué, la ville auroit esté rendue par composition. La garnison se retiré à Longwy, seule place restante à Saditte Altesse dans ses pays.

Les moissons de bled plantureuses, celles de marsages dé petit rapport.

La quarte de bled vallant, à la St-Martin, 5 fr. ou 5 fr. 6 gr., et depuis rabaissé d'un fr.

Les marsages rares et chers, la quarte orge vallant autant que le bled, et la quarte avoyne 4 fr. 6 gr.

Les fruits des arbres de toutes sortes en très-grande quantité, autant qu'on en ait jamais veu.

L'été et l'automne extrèmement secqs jusques environ le Noël. Les rivières et ruisseaux tarris en plusieurs lieux.

Les vendanges fertilles et grande abondance de vins.

Laditte année est comparable à celle de 1615, tant en sécheresse qu'en fertilité de bled et vins qu'infertilité de marsages, les vins néantmoins n'estant sy bons qu'en laditte année 1615, trente ans auparavant la présente.

Les armées de France en Allemagne et au Païs-Bas, celle d'Allemagne conduit par M. le duc Danguyen, fort mal menée et avec grande perte.

Celle des Païs-Bas, conduitte par ....., ayant grandement prospéré et pris plusieurs villes et places.

Au commancement de l'hiver, la cité de Trèves, qui, depuis sa première prise par les François, qui fut en 1631, avoit demeuré au roy, auroit esté reprise de rechef par ledit duc Danguyen.

Les vins, à cause de l'abondance, à bon prix, ne vallant que six frans au pays Messin, et la queue au Barrois vingt frans; mais les charrois chers et dangereux à cause des guerres.

L'hyver, commancé dès la St-Martin, auroit continué jusqu'au dix février par fortes gelées, neiges et grandes froidures.

Les rivières et ruisseaux presque sans eaux jusqu'audit mois de février, à cause des sécheresses qu'il avoit fait; enfin, les neiges s'estant fondues et les sources remplies, l'eau auroit revenu dans les rivières et ruisseaux.

Le quartier d'hiver de l'armée suédoise donné en Lorraine, comme il avoit jà esté l'année précédente, logé à l'entour de Nancy, le Pont et jusqu'à Malatour, auxquels toutes les villes et villages estoient contribuables par des sommes sy grandes et sy exorbitantes, que la pluspart des villes et villages ne pouvant y subsister, estoient courus et pillés ; les éveschés de Metz et Verdun n'en estant exemptés.

1646.

Le printems beau, mais non sy chaud que l'année précédente.

Les bleds et marsages paroissoient fort beaux, et les arbres, tant domestiques que champêtres, fort bien préparés et fleurys.

La chaleur augmentant sur la fin du mois de may (avec quelques pluyes par intervalle), tout du long de l'été, de sorte qu'au mois de juillet les chaleurs estoient presque insupportables.

Le siége de Longwy sur la fin du mois de juin ; rendu par composition à M. le marquis de la Ferté, gouverneur pour le roy ès duchez de Lorraine et Barrois.

Le château de Fléville démoly incontinent après la reddition de la ville de Lonwy.

Les vivres à bon prix, le bichet de bled ne vallant qu'un fran à la St-Jean-Baptiste, les vins aussy à bon marché, la pièce de Bar ne vallant à Verdun que vingt frans ; mais le peuple estoit tellement épuisé d'argent par les quartiers d'hiver et contributions, qu'il ne s'en trouvoit point ou fort peu.

Les moissons assé bonnes et plantureuses, tant en bled que marsages.

Les vendanges de laditte année 1646 aussy bonnes et plantureuses ; mais à cause des pluyes survenues au tems des vendanges et maturités de raisins, le vin n'auroit esté si bon que la précédente.

La queue de vin nouveau au Barrois se vendant sur le lieu au tems des vendanges 40 fr., et depuis 50 fr. à Verdun, et vignobles des costes, la pièce 18, 20 ou 24 fr.

A la St-Martin, la quarte de bled, mesure de Bar, ne valloit que trois frans, celle d'orge autant ou peu moins, l'avoine au même prix, depuis encore rabaissé.

Pluyes presque continuelles pendant les mois de septembre, octobre, novembre et décembre.

Continuation de la guerre, des quartiers d'hiver et contributions en Lorraine pour la subsistance des armées de France, logées à St-Mihiel et ailleurs, non toutesfois sy grandes que les années passées.

1647.

L'hiver assé gracieux et sans froidures jusqu'à la Chandeleur, que les gelées après seroient survenues et continuées jusqu'au quinze mars avec neiges et froidures.

Les partys estoient sy fréquents qu'il ne falloit espérer de sortir du lieu de sa demeure pour aller une lieue loing sans être rencontré, volé et pillé.

Depuis le quinze mars jusques au commencement de may, beau tems, chauld et sans pluyes. Les bleds paroissant fort beaux. La vigne fort avancée et les arbres fleurys environ le seize avril.

Le mois de may pluvieux jusqu'au 27 juin, que le beau tems avec chaleur auroient recommancé propres pour l'avancement de toutes sortes de biens de la terre.

La quarte de bled ne se vendoit que deux frans et les grains marsages se vendoient davantage, car la quarte valloit trois frans.

Les vins aussy à bon prix, la pièce de Barrois ne se vendant à Verdun que vingt ou vingt-deux frans, celuy des costes à meilleur prix, mais le peuple sy pauvre d'argent, qu'il n'estoit possible en recouvrer.

Les foings en grande quantité.

Les moissons de bled et marsages plantureuses, mais les pluyes survenues pendant tout le cours de l'été, nottamment ès mois de juillet et août, auroient grandement incommodé la recueille, fait gâter et germer une partye desdits bleds.

De longtems auparavant on n'avoit veu été sy pluvieux et fâcheux, ce qu'auroit causé que les moissons n'estoient achevées à la St-Remy.

Les vendanges assé bonnes et plantureuses.

Abondance de fruits, tant domestiques que champêtres, autant qu'on ait jamais veu.

Continuation de guerres entre les deux roys.

Landresy et quelques autres places qu'estoient aux François (pour les avoir prises au roy d'Espagne), reprises par l'archiduc Léopold, gouverneur des Païs-Bas.

L'armée étrangère, conduite par le vicomte de Turenne, ayant longtems séjournée sur les frontières de Lorraine, les chefs étrangers ne voulant passer outre ny suivre ledit vicomte pour le roy; enfin y estant contraints, seroient venus à l'entour de Vic et Metz, et de là passés, sçavoir, l'avant-garde de quatre régiments de cavallerie par Etain, et le gros de l'armée par Briey, se seroient rendus à l'entour d'Arlon et de Montmédy qu'on croyoit devoir être assiégés, d'autant qu'il y avoit quantité de canons à laditte armée; mais n'estant bastante, se seroit contenté de faire le dégat et ruyner le duché de Luxembourg, où elle auroit séjourné douze ou quinze jours, puis venu à l'entour de

Marville, se seroit campé et fortifié à l'entour de St-Laurent, où elle auroit encore séjourné douze jours ou environ.

Pendant lequel tems les coureurs de laditte armée estoient toujours en campagne, faisant des courses de douze lieues et plus, prenans tous les fourrages des lieux voisins dudit St-Laurent, emmenant les chevaux, vaches et tout le bestail qu'ils pouvoient rencontrer, commettant toutes sortes de vols, pilleries et larcins, sans qu'on en puisse tirer raison ny redresses.

Cependant le tems de labourer et semer les bleds se passoit, car on n'osoit mettre les chevaux en campagne, ains falloit les retirer ès villes, châteaux et lieux de deffences, comme tous autres bestails; mais nonobstant tout cela, ils n'auroient laissé d'en prendre et enlever grande quantité, à la ruyne de plusieurs personnes.

Cela apportoit un désespoir au peuple, voyant ruyner ce qu'on avoit moissonné, et qu'on ne pouvoit espérer de remettre aux champs, combien que la saison d'automne estoit belle et propre à ce faire.

Enfin, quelques jours après la St-Remy, laditte armée auroit décampé dudit St-Laurent, tiré à Richemont, où elle auroit passé la Moselle et de là tiré en Allemagne.

Le beau tems continuant, Dieu auroit permis de labourer et semer, le tems propre à ce faire ayant continué jusqu'à la St-Martin et quelques jours après.

Pour tout cela, les grains ne laissoient d'être à bon prix à l'entour de Verdun, la paire de quarte par moitié bled et avoine ne se vendant à Etain et aux environs que 5 fr. et 5 fr. 6 gr.

Environ ce tems, la mortalité seroit survenue aux bestes, ermelines, comme bœufs et vaches, qui mouroient en grande quantité; laditte mortalité ayant continué pendant l'hiver, tellement qu'à Etain y en seroient morts presque six vingt ou environ, les villages d'alentour n'en ayant esté exempts.

Les vivres estoient à bon prix, le vin ne vallant que six gros le pot; mais il n'y avoit point d'argent, le peuple estant ruyné des contributions et quartiers d'hiver.

L'hiver continuant par neiges, environ le vingt-quatre novembre, auroit continué par tems fâcheux et divers autant mal plaisant et incommode qu'on ait jamais veu, jusques au mois de mars, car il geloit deux ou trois jours de suitte, il en faisoit deux ou trois de pluyes, puis autant de beau tems, puis neiges et vents, et toujours ainsy jusques audit mois de mars qu'il auroit gelé à bon escient, tellement que pendant tout ledit tems il auroit fait de très-grandes froidures.

1648.

Le printems de laditte année assé beau, et combien que les laboureurs avoient esté retardés au labourage, les bleds et marsages parroissoient assé beaux.

Quant à la vigne, il y avoit nation de raisin en tant qu'on pouvoit désirer, tellement que le bon marché des bleds, grains et vins, auroit continué pendant le commancement de laditte année jusques environ le mois de juin.

Auquel mois, environ le 9 ou 10e jour, seroit survenu un tems fort divers et fâcheux par pluyes, vents et froidures, qui auroit fait perdre la meilleure partye du fruit des vignes et retardé grandement la maturité des grains; ce qu'auroit enchéry lesdits vins et grains, la queue de vin du Barrois se vendant en ces quartiers six pistolles, et auparavant ne se vendoit que la moitié d'autant.

La quarte de bled, qui, l'année précédente, ne se vendoit

que deux frans ou 27 gr., auroit remonté jusqu'à six frans avant les moissons, lesquelles, à cause dudit mauvais tems, auroient esté fort tardives.

On estoit en crainte, comme en l'année précédente, d'une armée de trois mille hommes ou environ qui estoit venue dès le mois de juin aux environs de Metz, de là passé à l'entour de Briey, Xivry-le-Franc et jusques auprès de Montmédy, où ayant demeuré quelques jours, se seroit campé à Loupy, et y ayant séjourné plusieurs jours, auroit tiré en Flandre.

C'estoit choses du tout étranges de veoir un tel tems de pluyes, vents, tonnerres, l'air toujours humide et couvert, qui auroit duré jusqu'à l'Assomption Notre-Dame, pendant lequel jour et le lendemain il fit un grand et furieux orage de vents.

Les moissons de foing retardées à cause des pluyes jusqu'audit jour d'Assomption, tellement que les bleds et foings auroient venus à moissonner tout ensemble.

Les pluyes, tems sombres et fâcheux continuant, on auroit à grand peine moissonné le peu de bled qui se trouvoit en si petite quantité que la quarte, peu après la St-Remy, auroit monté à huit, neuf et dix frans ; la quarte avoine cinq frans.

Les marsages aussy en petite quantité et malsains à cause des pluyes.

Les vendanges infertilles et les raisins peu meurs.

Tellement que laditte année bisextille peut estre ditte en tout infertille.

Le beau tems, ores que toujours froid, estant arrivé environ le commencement d'octobre, on auroit assé commodément labouré et ensemencé le woyen ; mais comme les semences paroissoient, elles estoient rongées en partye par une espèce de limassons gris.

Bataille, environ le mois de septembre, entre les François, Espagnols, Flamants et Lorrains, en laquelle sont morts plusieurs chefs, capitaines et grands nombres soldats de part et d'autre; mais le champ auroit demeuré aux François avec l'artillerie de leurs ennemys; cette bataille fut au pays d'Artois, près la ville de Lent.

Bruit de paix entre la France et l'Allemagne, même entre les deux roys; on en parloit aussy pour le roy de Suède et Son Altesse.

L'hiver très-aspre en froidures, par gelées, gresles, pluyes, neiges et vents, ayant commancé dès le 25 octobre.

Les bleds et grains, quoique petits et peu profitables, néantmoins fort chers, et aussy le vin.

Continuation de froidures par gelées, neiges et vents jusqu'à Pasques, et aussy des contributions et quartiers d'hiver.

1649.

Continuation de tems pluvieux et couverts pendant le printems, tellement qu'on peut dire avoir esté l'espace de dix-huit à vingt mois en hiver continu.

Les gelées de mars ayant fait perdre partye des plantes des bleds, auroient causé une grande cherté pour le peu d'apparance qu'il y avoit de faire bonne moisson, tellement que dès environ le mois de may, la quarte auroit monté jusqu'à seize frans. Les marsages chers à l'équipolent, d'autant que la pluspart des peuples estoient contraints s'en nourrir.

Les semences de marsages belles, d'autant que le mois de may avoit esté pluvieux.

Le vin fort cher, la pièce de Barrois se vendant à Verdun quatre pistolles; et le pot de vin de Barrois se vendant à Etain, tant le vieux que nouveau, 18 gr.

Continuation de tems couvert, froid et humide jusqu'au 20 juin.

Le prix des espèces d'or et d'argent estoit, sçavoir :
La pistolle d'Espagne, 21 fr.
L'escu sol, 11 fr.
Le quart d'escu, 2 fr.
Les autres espèces à l'équipolent.

Depuis le 20 juin ayant fait quelques semaines de beau tems, les pluyes, tems couverts et nuageux, remplis de bruimes et mauvaises constitutions de l'air, estant de retour et continués jusqu'au mois d'août, presque touts les bleds auroient esté perdus et gastés de la bruime, de sorte qu'on n'auroit moissonné desdits bleds à suffisance pour remettre au champ en plusieurs lieux.

Quant aux marsages, les moissons auroient esté aucunement fertilles, tellement que tout le peuple auroit esté contraint de s'en nourrir.

La cherté des bleds continuoit à 16 fr. la quarte, l'orge 8 et l'avoine 6 ; mais avec tout cela le peuple estoit dénué d'argent, ce qui apportoit une grande pitié et désolation.

Ayant fait par deux diverses fois du beau tems sur la fin de septembre et commencement d'octobre, les laboureurs ayant labouré et remis aux champs, comme ils avoient pu, les semences, dès le 15 octobre, paroissoient aussy belles qu'on les ait jamais veu.

Pendant ce tems, y avoit continuellement des camps volants en campagne, tant de Bourguignons que François ; le marquis de Launay ayant couru en France, et le marquis de La Ferté, gouverneur du duché de Lorraine, au duché de Luxembourg, où, de part et d'autre, ils auroient fait de grands butins, à la ruyne non seulement des François et

Bourguignons, mais aussy des villages de Lorraine où ils passoient en allant et retournant.

Les pluyes et vents fort orageux auroient recommancé dès le 10 ou 12 d'octobre, qui auroient grandement incommodé les vendanges, lesquelles auroient esté de petit rapport et le vin fier pour la pluspart.

Les armées de France, conduittes par ledit marquis de La Ferté et le général Rose qui commandoit aux Suédois, auroient venus en ces quartiers et séjournés longtems ès villages de St-Laurent, Mangienne, Billy, faisant courses jusqu'à l'entour d'Etain par tous les villages, prenant les chevaux, bétails, grains aux granges et tout ce qu'ils trouvoient.

Pendant lequel tems auroit eu un logement de cent cavalliers allemands à Etain, qui estoit une recrue, laquelle alloit joindre ledit général Rose.

Et le 2 novembre, ledit marquis de La Ferté y seroit arrivé avec son armée, logé avec partye d'icelle deux jours et deux nuits audit Etain; l'autre partye auroit passé outre et logée à Hermeville et autres villages, vivants à discrétion, vuidant les granges, prenant et emmenant les chevaux, bétail et tout ce qui leur estoit commode.

Dix à douze jours après, l'armée suédoise dudit Rose, conduitte par le sieur Huesme, seroit encore venue audit Etain, où partye d'icelle auroit logée un jour et une nuit, le surplus ès villages voisins, faisant les mêmes maux, et encore plus grands à la ruyne totale de plusieurs et grande perte et dommages de touts les autres.

Avec tous ces maux, les quartiers d'hiver auroient venus avec ordre de jetter beaucoup davantage que les années précédentes, tellement qu'avec les contributions ordinaires avec tant d'autres grands frais qu'il convenoit faire ordinairement pour des gardes, voyages et autres, le pauvre peuple, jà oppressé de la cherté des vivres, auroit esté tellement épuisé d'argent, qu'il luy estoit impossible d'y fournir, plusieurs estant contraints de quitter et s'absenter.

Le bourg de Marcheville, qu'avoit auparavant esté bien conservé, auroit receu une grande foule de l'armée desdits Suédois, car un quartier d'icelle y auroit esté logé quinze jours ou environ, à cause que les autres villages d'alentour y avoient réfugiés ; pendant lequel séjour les villages voisins, nottamment ceux du ban de Pareyd, auroient esté ordinairement courus et pillés.

L'hiver aucunement humide et pluvieux sans grandes gelées, neiges ny autres froidures. La cherté des vivres continuant, veoir augmentant, car la quarte avoyne se vendant huit frans.

Le 22 mars, la ville de Paris fut réduite à l'obéissance du roi Louis 14.

1650.

L'année du grand jubilé à Rome faisoit espérer un allègement à tant de maux, cherté de vivres et guerres.

Le 11 janvier, le régiment de cavallerie du comte de Grandprez auroit arrivé à Etain et séjourné deux jours et deux nuits, vivant à discrétion et commettant grands outrages.

La prise des princes de Condé, de Conti et de Longueville à Paris, environ le 18 janvier, par ordonnance du roy et de la reine régente, iceux faits prisonniers et menés au bois de Vincennes, et depuis à la Bastille.

Force remuements et bruits de guerres à cause de laditte prise, plusieurs espérant néantmoins qu'il y auroit changement et que cela apporteroit la paix.

Dans le même tems estoit un bruit de raccommodement de S. A. de Lorraine avec la France.

Les villes de Clermont, Dampvillers et la citadelle de Stenay investyes par les gens de guerre des princes, néantmoins aussitôt lesdittes villes de Clermont et Dampvillers réduites à l'obéissance du roy; quant à Stenay et les lieux ès environs et de Montmédy, les armées des princes et de l'archiduc Léopold s'y estant amassées, y auroient fait long séjour à la ruyne du peuple. Le gouverneur dudit Dampvillers appellé La Rochefoulcaut, fait prisonnier de la part du roy.

L'hiver auroit duré jusqu'à la fin d'avril par pluyes, neiges, gelées, grésils et grands vents, tems fort divers et variables, excepté cinq ou six jours aux environs le 12 février, qu'il auroit fait un tems fort doux et chaud, tellement qu'on croioit tenir le printems; mais incontinent les pluyes, vents et autres tems fâcheux auroient recommancés et continués tout du long des mois de may et juin fort incommodes, tant pour bleds et grains que pour les vignes et autres fruits qui paroissoient si beaux, mais qui ne pouvoient avancer ny meurir, la vigne n'ayant entré en fleurs avant le commancement de juillet.

Ces pluyes continuelles auroient fait que la cherté des grains et vins auroit continué; la quarte de bled froment 16, 17 ou 18 fr.; la quarte d'orge, 12, 13 ou 14 fr.; la quarte avoine, 8 ou 10 fr.; la pièce de vin, trois pistolles, et le pot, 14 ou 16 gros.

Pendant ce tems, les armées, commandées par le comte de Turenne, se seroient départies des environs de Stenay et tiré en Picardie.

Le paiement des contributions continuoit et les quartiers d'hiver insupportables et beaucoup plus rigoureux qu'ils n'avoient encore esté, et pendant iceux y avoit garnison de cavallerie ès châteaux de Batilly, Tichemont et Friauville, qui couroient la Lorraine dix lieues à la ronde, pilloient et emmenoient tout ce qu'ils pouvoient trouver, tant meubles que grains et bétails, rançonnoient et faisoient toutes sortes d'exactions sans qu'on en puisse tirer redresse, tout leurs estant permis, ayant aussy commis plusieurs excès aux personnes ; leurs logements ayant duré jusqu'à la fin du mois de may : c'estoient Allemands et étrangers qu'on disoit estre pour le roy contre les princes.

A la St-Jean-Baptiste, les chemins estoient couverts d'eaux et de fange, les rivières et ruisseaux extrêmement débordés.

Continuation de pluyes pendant les mois de juin, juillet, août et septembre, en sorte qu'il n'y auroit point eu d'été, ce qui auroit tellement incommodé les bleds qu'ils auroient diminués de moitié, en sorte que les moissons, qu'on espéroit devoir estre fort plantureuses, n'auroient rapporté que fort peu, la quarte de bled se vendant, incontinent après les moissons, dix frans, les marsages, sçavoir : l'orge, six, et l'avoine, quatre frans.

Pendant ce tems, l'armée de S. A., conduitte par M. de Ligneville, auroit venue en Lorraine et y repris plusieurs places comme Remiremont, Epinal, Château-sur-Moselle, le Neuf-Château et Bar.

Les vendanges du tout infertilles, en telle sorte qu'il ne se trouvoit point de vin ès villes, comme à Etain et semblables, encore moins aux villages, toutes sortes de personnes réduittes à boire du cidre qui estoit assé bon et en quantité.

L'automne extrêmement pluvieux comme avoient esté les autres saisons, tellement qu'avec grande peine et difficulté on auroit labouré et semé pour le woyen; toutefois, peu après la St-Martin, le tems commode estant venu, les semences, pour le peu qu'on avoit labouré, auroient paru assé belles.

Pendant ledit tems, le comte de Turenne auroit assiégé Mousson, qu'il avoit battu furieusement l'espace de..... qu'elle auroit esté rendue par composition.

Ce fait, l'armée, conduitte par ledit comte de Turenne, auroit passé le long de la rivière de Meuse, séjournée quinze jours ou environ à Montfaucon et lieux voisins, puis tiré vers Clermont, faisant des maux étranges et ruynant partout où elle passoit.

Avec ledit comte de Turenne estoient, pour S. A. de Lorraine, les sieurs comte de Ligneville et de Panges, conduisant armée de Lorraine et venus tous ensemble aux environs de Retel, auroient esté battus et mis en déroute par l'armée françoise.

1651.

L'hiver ayant commancé par gelées fortes et rudes dès et depuis la St-Nicolas jusques aux Roys, et depuis les pluyes, ravages et débordements de rivières et ruisseaux. Les gelées auroient recommancés environ le 10 de février et duré jusqu'au 23 ou 24 de mars, tellement que la pronostication qu'observoient les anciens sur le tems qu'il faisoit le 2 février, jour de la Purification Notre-Dame, auroit esté trouvée fort véritable en ce que le 12 février de la présente année (qui anciennement et selon l'ancien calendrier estoit le 2e), ayant fait beau et le soleil clair tout du long du jour, l'ours se seroit remis en sa caverne, car la gelée auroit continué quarante jours.

Pendant ce tems, les gens de guerre pour le service de

S. A. se seroient emparé de plusieurs châteaux en Lorraine, y mis garnison et nottamment à Conflans, où tous les villages des environs auroient esté contraints de contribuer, fournir vivres et ouvriers pour rebâtir et fortifier le château, ce qui auroit causé la ruyne des sujets de toutes les prévôtés voisines et les auroient contraints d'absenter pour la plupart et mandier leurs vies.

Les vivres grandement chers autant que l'année précédente, mais encore beaucoup plus rares, car on n'en pouvoit recouvrer, et quant au vin, il n'y avoit point pour tout, sinon ès bonnes villes comme Metz, Verdun et fort chers.

L'été grandement beau avec chaleurs, autant qu'on ait veu de vingt ans auparavant; mais la cherté des vivres auroit continué, tellement qu'avant les moissons, la quarte de bled valloit vingt-quatre frans, la quarte orge vingt frans, l'avoine quatorze à quinze frans.

Les moissons faittes en beau tems, mais peu de rapport quant aux bleds, et pour les marsages, bonnes et plantureuses en plusieurs lieux, ce qu'auroit causé la continuation de la cherté des vivres, la quarte de bled vallant, environ la St-Remi, 16 fr., l'orge 7 fr., et l'avoine 5 fr.

Plusieurs places en Lorraine assiégées et rendues à S. A., comme le Neufchastel, Chastel-sur-Moselle, réassiégées par le marquis de La Ferté, continuation de guerre et la ruyne du peuple.

Conflans de rechef abandonné, ruyné et démoly comme aussi plusieurs autres châteaux.

En cette année 1651, le pauvre peuple, tant de Lorraine que des éveschés de Metz et Verdun, a esté autant affligé et tourmenté qu'il ait encore esté depuis les guerres par tant de contributions et quartiers d'hiver qui n'ont esté seulement imposés et levés pendant les mois d'hiver, mais par toute l'année, tant en argent qu'en bled, tellement exorbitantes qu'il estoit impossible d'y satisfaire, et à deffaut du paiement, les garnisons faisoient ordinairement des courses ès bourgs et villages, prenoient et emmenoient les personnes, chevaux et bétails, les prisons estant remplies de prisonniers, vendoient et dissipoient les chevaux et bétails à la ruyne totale du peuple, qui, d'ailleurs, estoit affligé à cause de la stérilité de l'année et des fréquents partis de soldats qui rôdoient ordinairement et volloient ceux qu'ils rencontroient; car les armées du roy, des princes et d'Espagne estoient et séjournoient èsdits pays et éveschés, à cause de la division des princes de France avec le roy, ce qui causoit une grand disette et cherté, avec ce qu'il n'y avoit aucuns fruits, les arbres estant demeurés stériles.

L'été ayant esté beau avec chaleur, l'automne aussy à son commencement avoit esté beau et agréable, tellement que les terres estant en très-bonne culture, les bleds ensemencés auroient paru aussy beaux qu'on les ait jamais veus, et fait espérer que l'année suivante seroit fertille et abondante en toute sorte de biens. Les vendanges assé bonnes en aucuns lieux et en autres de petits rapports, mais le vin bon et excellent, et à cette occasion fort cher.

Clermont, Stenay et Dampvillers tenant pour le prince de Condé et autres princes de France contre le roy, auroit causé que le marquis de La Ferté, gouverneur de Lorraine, auroit tenu une armée audit pays de Lorraine et ès éveschés, tellement qu'il auroit ruyné le comté de Clermont et bonne partye de l'évesché de Verdun.

Depuis la St-Martin d'hiver jusques à Noël, pluyes continuelles, n'ayant fait aucune gelée avant ledit jour de Noël.

La cherté des grains, non seulement continuant, mais

augmentant de jour en jour, ce qui causoit qu'on ne voyoit que pauvres et mendiants.

1652.

L'hiver s'estant passé sans grosses gelées, le printems auroit suivi, qui auroit esté fort secq et quasi sans pluyes jusqu'à sa fin.

Les laboureurs ayant eu un très-beau tems pour ensemencer les marsages, mais fort secq.

La guerre entre le roy et les princes de France. Sy jamais ce pauvre peuple avoit esté foulé de contributions, quartiers d'hiver pour la subsistance des armées, ç'auroit esté bien pis en ce miserable tems de guerres, qu'il auroit esté contraint de payer contributions à St-Mihiel, Dampvillers, Verdun et à Mussi, près de Longuion, mais sy exorbitantes, qu'il estoit impossible d'y satisfaire; ce néantmoins on y estoit contraint, non-seulement par l'enlèvement des chevaux et bétail des pauvres sujets de Lorraine, mais aussy par prise et emprisonnements des personnes, qui estoient enlevées et conduittes auxdits lieux, et outre ce contraints à payer de grands et insupportables frais pour les courses, ayant esté jetés et levés sur la seule ville d'Etain, où il n'y avoit que cinquante à soixante bourgeois, en un an, jusques à la somme de douze mils cinq cents frans.

Les mois d'avril et may fort secqs, chauds, sans pluyes. Les bleds et grains paroissant très-beaux avec espérance d'une bonne et plantureuse moisson, les grains néantmoins continuant à haut prix jusqu'au temps des moissons. La quarte de bled à 16 fr., l'orge à 12, le tremois 9, et l'avoine 6 fr.

Les moissons de laditte année 1652 très-plantureuses en bled et médiocres en marsages.

Les grains très-bons et de bonne revenue; l'été très-beau, chaud et secq, fort propre pour la récolte des grains, tellement que, sur la fin du mois de juillet, on auroit commancé à moissonner les bleds, qui auroient entièrement esté engrangés avant l'Assomption Notre-Dame, et dedans le mois d'aoust, toutes les moissons achevées, tellement que le prix du bled auroit rabaissé de moitié et plus.

La vigne fort avancée, car au premier jour de septembre il se voyoit des raisins tout noirs.

Les vendanges très-plantureuses et en pleine année.

Les vins médiocrement bons et à bon prix; la pièce de vin des costes se vendoit 20 fr. ou environ.

Pendant l'été et l'automne, l'armée des Pays-Bas, celle de S. A. et celle des princes de Condé et autres princes de France, faisoient séjour en France aux environs de Paris, causant de grands maux et cherté de tous vivres.

La saison d'automne très-belle et commode au labourage, tellement que partout en ces quartiers on auroit labouré et semé les bleds de très-bonne saison, les semences paroissant très-belles au commancement du mois de novembre.

Le tems secq continuant par gelées sans pluyes, faisoit que les rivières et ruisseaux estoient comme taris, tellement que, pendant l'hiver, on n'y pouvoit moudre les grains qu'à grande peine.

Pendant l'automne et l'hiver même, les armées des princes seroient venues en Champagne, de là à l'entour de Verdun, Dampvillers, Stenay et sur la rivière de Meuse, ayant pris Ste-Menehout, Bar et autres places.

Elles auroient esté suivies par celles du roy, qui auroit repris Bar et quelques autres lieux, et en ce faisant ruyné partye de laditte ville de Bar et tout le pays.

Celle des princes auroit aussy ruyné tout le pays des environs dudit Ste-Menehout, Clermont, Dun, Stenay et sur la rivière de Meuse, en telle sorte qu'on ne voyoit que pauvres gens ruynés, mandiants, chassés des lieux de leurs demeures.

On attendoit d'heures à autres l'une desdittes armées ou les deux en Lorraine pour y prendre leur quartier d'hiver. Cependant les grains y estoient en assé bon prix ; la quarte de bled à 7 fr. et demi ou 8 fr., la quarte tremois 3 fr., celle d'avoine 30 gros.

1653.

L'hiver continuant par gelées non trop rudes, mais modérées.

La prise du château d'Ornes le... de février, à la ruyne et désolation des habitants dudit lieu et de beaucoup de villages des environs qui avoient réfugiés leurs biens audit château.

Garnison ayant esté mise de la part des princes tant audit château qu'au bourg, les sujets se seroient évadés, ce qu'auroit causé une grande ruyne audit bourg, les soldats bruslant une partye des maisons abandonnées et commettant beaucoup d'autres maux.

Laditte garnison couroit par l'évesché de Verdun, de sorte qu'on n'osoit aller ny trafiquer audit Verdun.

Le samedy, veille des Rameaux, cinquiesme d'avril, l'armée de Lorraine, conduitte par le comte de Ligneville, composée d'un grand nombre, tant cavallerie qu'infanterie, chariots et bagages, auroit entrée à Etain, où elle auroit séjournée jusqu'au lendemain de Pâques, 14 dudit mois, pillant tout ce qu'elle trouvoit, brûlant les meubles dont ils ne pouvoient tirer proffits, rançonnant et emmenant le bétail qu'ils pouvoient attraper, démolissant les maisons, en sorte qu'à leur partement il n'en avoit resté une entière, commettant toutes insolences qu'on pouvoit s'imaginer, tellement qu'on n'avoit jamais auparavant veu tel désordre audit Etain, et n'eût été qu'il plût à Dieu garantir l'église et le cimetier, où toutes les personnes, leurs biens et bétail estoient réfugiés, il falloit attendre une ruyne entière.

L'infection de laditte armée estoit si grande, qu'à leur partement, quasy toutes personnes auroient tombées malades et beaucoup de morts.

Néantmoins les grains et vins estoient à bon prix, environ le jour de Pentecoste, la quarte de bled ne vallant que 5 fr., l'orge 4 fr., l'avoine 28 ou 30 gros.

Le printems très-beau et secq, le mois de may tellement chaud qu'on eut dit estre au mois de juillet. Cette chaleur ayant fait advancer la vigne et rabaisser le vin qu'on amenoit du pays Messin à Etain, où, environ ledit jour de Pentecoste, le pot ne se vendoit que 8 à 9 gros.

L'été chaud et secq comme avoit esté le printems, tellement qu'on auroit commancé à faire les moissons dès le 15 juillet ou environ.

Lesdittes moissons de bled bonnes et très-plantureuses, le bled très-bon et à bon marché, la quarte ne se vendant, peu après les moissons, que 4 fr. le plus beau, l'avoine 18 à 20 gros.

Celles de marsage de petit rapport à cause des chaleurs et sècheresses, mais les vignes et les fruits d'icelles en très-bon état.

Les vendanges retardées à cause des pluyes survenues à la fin de l'été et continué assé avant dans l'automne; mais très-fertiles et plantureuses, et le vin à très-bon prix.

Le pauvre peuple fort affligé des courses et exactions

des gens de guerre, nottamment de Stenay, qui levoient de grandes et insupportables contributions.

Son Altesse en personne le prince de Virtemberg, avec une armée de trente mils personnes, venus loger à Etain, où ils auroient séjournés trois jours entiers, prenants tout ce qu'ils trouvoient leur être propre, vuidant les granges qui estoient pleines (car c'estoit les 28, 29 et dernier novembre et 1er décembre), emportant les bleds et fourrages, tout le bétail et meubles qu'ils rencontroient, tellement que la ruyne et dégat est inestimable.

Dieu néantmoins auroit, par sa bonté, conservé l'église d'Etain et de quelques autres lieux, où les habitants avoient refugiés leurs grains, meubles et bétail.

Cette armée estoit suivie d'une autre pour le roy, conduitte par le maréchal de La Ferté, qui l'auroit empêché de secourir Ste-Menehout qui auroit esté pris par Sa Majesté en composition peu auparavant ledit logement ; estant venu ledit maréchal jusqu'à Fraisne-en-Vuoipvre. Ces armées auroient fait un peu rehausser le prix des grains et vins.

Le tems modéré jusque environs le 14e de décembre que les fortes gelées auroient commancés, n'ayant néantmoins duré que sept à huit jours.

Outre les contributions ordinaires, les quartiers d'hiver pour l'armée de France auroient esté sy exorbitantes que chacun abandonnoit les villages, demeurant presque du tout inhabités, à la ruyne, foulle et oppression de ceux qui demeuroient.

1654.

L'hiver continuant, les gelées auroient recommancés environ la Purification Notre-Dame et continués jusqu'à la fin du mois de mars.

Les vivres continuant à bon prix, la quarte froment ne se vendoit que 4 fr., l'avoine 30 ou 32 gros, le pot de vin 6 gros.

La veille de Quasimodo, 11° avril, auroit entrée une armée de François à Etain, conduitte par le marquis de Fabert, gouverneur de Sedan, qui y auroit séjourné jusqu'au jeudi 16 dudit mois, au grand détriment, ruyne et désolation des pauvres habitants, jà ruynés et appauvris de tant d'autres logements, payement de contribution et quartiers d'hiver insupportables.

La vigne ny les fleurs des arbres n'estoient encore que fort peu avancés au commancement du mois de may, mais peu après, les semences, tant de bled que de marsages, paroissoient fort belles.

L'église de St-Supplet brûlée par les gens de guerre de l'armée dudit marquis de Fabert, et nombres de personnes qui y estoient et jusques quarante et plus, tant petits que grands, péri par le feu.

Les mois de juin et de juillet fort sombres, humides et pluvieux, ce qui auroit grandement retardé la maturité des biens de la terre, et nottamment les raisins, qui ne seroient entrés en verjus que sur la fin dudit mois de juillet, que cette humidité froide continuant, auroit fait couler.

Environ la St-Jean-Baptiste, l'armée du roy, conduitte par M. le marquis de Fabert, auroit assiégé Stenay, auquel siége le roy en personne auroit assisté, et ayant esté soutenu par le comte de Chemily pour le prince de Condé, l'auroit rendu par composition le jeudi 6° d'août.

Pendant lequel siége les coureurs de l'armée auroient pillés et ravagés aux environs, jusqu'à six et sept lieues à la ronde, prenant et emmenant tous les chevaux et bétail, commettant plusieurs autres maux.

Les moissons de foing faittes assé commodément, celles des bleds tardives jusqu'environ l'Assomption Notre-Dame, les bleds néantmoins toujours à bon prix.

Lesdittes moissons bonnes et plantureuses de tous grains.

L'armée du roy partant de Stenay, se seroit acheminée au secours d'Aras, qui estoit assiégé par les Espagnols, et ayant fait lever le siége, auroit par ce moyen avitaillé la ville et délivré les assiégés.

Peu après, laditte armée, sous la charge de M. le maréchal de La Ferté, auroit assiégé Clermont, qui ayant soutenu quelques semaines, se seroit rendue par composition.

La quarte de bled 4 fr. et 4 fr. 6 gros, la quarte de marsage 32 gros et 3 fr.

Le pot de vin vieux un fran, le nouveau 10 gros.

Les vendanges néantmoins ayant rapporté demy-année ou environ, mais les charrois chers et dangereux.

Toutes espèces d'or et d'argent fort hautes : le louis d'or 25 fr., la pistolle d'Espagne 24 fr., l'écus sol 12 fr., le louis d'argent 7 fr., le quain d'écus 25 gros.

La saison d'automne assé belle et commode.

Les semences aussy belles, avec espérance d'en profiter.

L'hiver doux jusqu'au Noël, mais pluvieux, sinon quelques quatre à cinq jours de gelées.

Les courses, les contributions, pilleries et autres maux de la guerre continuant, veoire augmentant de jours à autres.

Les garnisons de St-Mihiel, Thionville, Verdun et autres lieux s'estant amassés et formés un corps d'armée, auroient investi la forteresse de Mussy, près Longuyon, qui s'estoit toujours maintenue par le duc Charles de Lorraine, voulant la mettre à la protection du roy.

Ce fait, laditte armée estant à l'entour de Marville, qui

s'estoit toujours maintenu neutre, y auroit mis garnison soub l'authorité du roy.

Les gens de guerre en bon nombre y vivant à discrétion à la grande foule et perte des résidents et de leurs biens.

Pendant cet hiver, il auroit par quatre ou cinq diverses fois gelé, mais seulement pour huit à neuf jours à chacune fois.

La prise de S. A. Charles, duc de Lorraine, à Bruxelles, conduit à Anvers et de là en Espagne.

1655.

Les mois de février et mars humides, nuageux et pluvieux.

Le 16 dudit mois de mars auroit fait un éclat de tonnerre qui auroit fait craindre que ce qu'on dit ordinairement ne doive arriver.

Quand il tonne en mars,
On doit dire hélas.

Le mois d'avril froid et secq, ayant sur la fin d'icelui fait des gelées aussy fortes qu'en hiver, l'espace de dix à douze jours.

Le tems continuant froid et secq jusque environ trois ou quatre jours dans le mois de may, que la chaleur seroit survenue aussy grande et extrême qu'au cœur d'été, et continué jusqu'au 23 dudit mois que la pluye auroit succédé assé compétamment.

Depuis le tems secq et chaud auroit revenu propre à la maturité des grains et à l'avancement de la vigne.

Pendant ledit mois de may et commancement de juin, l'armée françoise se seroit amassée de plusieurs lieux et garnisons; le rendés-vous estoit à une lieue de Verdun, sur la rivière de Meuse, d'où elle seroit partye environ le neuf juin, prenant son chemin vers Clermont.

Pendant ledit amas, les coureurs estoient tous les jours jusques à huit et neuf lieues, prenant et enlevant les chevaulx, bétail et tout ce qu'ils trouvoient leur être propre, à la ruyne des pauvres villageois.

Cependant les grains ne laissoient d'être en assé bon prix, la quarte de bled ne vallant, à Etain, que 5 fr. au plus, les marsages 3 fr. 4 gros.

Le vin assé cher à cause du charrois, le pot se vendant, à Etain, 10 gros et un fran.

En cette année 1655, auroit esté montrée et exposée à la veue du monde la robe de Notre-Seigneur Jésus-Christ en la cité de Trèves, au jour de feste St-Jacques et St-Philippe, 1er mai, Pentecoste, la Trinité, la Feste-Dieu, St-Jean-Baptiste, St-Pierre et St-Paul et autres.

Auroient aussy esté montrées lesdits jours, audit tems, plusieurs autres saintes reliques, comme l'un des cloux, desquels notre Sauveur fut attaché à la croix, le tout en grand honneur et révérence; et pour les veoir, s'y seroient portés un nombre infini de personnes de tous pays de l'Europe, de tous âges et sexes, veoir, comme on estime, jusques à un million d'âmes; c'estoit choses admirables de veoir tous les jours, pendant ledit tems, passer et repasser les pellerins, hommes, femmes et enfants, qui alloient et retournoient dudit Trèves.

Le mois de juillet fort pluvieux, ce qui auroit fait dommages au fruit de la vigne, retardé la maturité des foings et bleds, mais fait grandement multiplier les marsages.

Ce tems pluvieux et sombre auroit retardé les moissons et fait monter la quarte de bled à 6 fr., les marsages 4 fr.

Environ le jour de l'Assomption Notre-Dame, quelques troupes des garnisons de Metz, Nancy, Verdun, Thionville et autres lieux s'estant assemblés; auroient fait courses à

Mussy, soub la conduitte de M. le marquis de Fabert, gouverneur de Sedan; mais ayant reconnu la place, se seroient aussitôt retirés, non sans perte, car le seigneur de Marolle, gouverneur de Thionville, y auroit esté tué avec quelques autres d'un coup de canon tiré dudit Mussy; la personne dudit seigneur de Marolle auroit esté regrettée, car il estoit brave seigneur.

Tout le tems d'été fort fâcheux, humide et pluvieux, n'ayant fait deux jours de suitte beau tems, que la pluye, tems humide et couvert, n'ait recommencé, en sorte que les moissons auroient esté tardives et incommodées.

Lesdittes moissons infructueuses quand aux bleds, assé fertiles pour les marsages.

Les vendanges petites, mais le vin assé bon.

Le commancement de l'automne beau, le tems propre et commode pour ensemencer de woyen.

Les courses et fréquentations des gens de guerres n'ayant esté sy fréquentes, tellement qu'au commancement du mois de novembre les semences paroissoient très-belles.

On peut comparer cette année 1655 à celle de 1648, laquelle avoit esté grandement infertile.

L'automne continuant en beau et doux tems jusques environ la fin du mois de novembre, tellement que les bleds en herbes paroissoient aussy beaux qu'on les ait jamais veus.

L'hiver ayant commancé par petites gelées et neiges, environ le jour de feste St-André, dernier de novembre, et depuis fort rudes pendant dix à douze jours.

Les impôts de six deniers par frans et dixième pot de vin et bierre ayant esté rétablis en Lorraine et recommancé au jour de feste St-Remi, premier d'octobre, auroient causés le remont des grains et vins; le pot de vin qui auparavant ne valloit qu'un fran, auroit monté à quatorze gros.

Le dimanche 19 décembre seroient entrées à Etain deux compagnies d'Irlandois du régiment du maréchal de La Ferté; les capitaines estoient les sieurs de St-Laurent et La Verdière. Ils étoient cent hommes ou environ pour y passer le quartier d'hiver, à la grande foule et ruyne des bourgeois ; outre les logements et fournitures desdittes deux compagnies, auroient encore esté chargés d'une somme de six mille frans et plus pour ledit quartier d'hiver.

Laditte ville n'auroit soutenu telle ruyne et oppression depuis l'année des Crovattes.

Les gelées ayant continués ou recommancés environ la fin du mois de décembre très-rudes, et après auroient durés jusqu'à la fin du mois de mars.

Continuation de tems fâcheux, humide et couvert, ayant encore fait une gelée très-froide le 18e d'avril avec grésil et neiges, la terre en estant entièrement couverte.

La quarte de froment environ la St-Jean-Baptiste se vendant 10 fr, le tremois 5 fr., et l'avoine 34 gros et 3 fr.

1656.

Les deux compagnies logées à Etain pour le quartier d'hiver y ayant séjourné jusqu'au 17 de may qu'elles seroient sortyes.

Auquel tems les bleds en herbes paroissoient très-beaux, comme aussy les fruits des arbres et de la vigne, faisant espérer une bonne année.

La veille de la Pentecoste, 3e juin, auroit rentré audit Etain une compagnie de fantassins composée de cinquante personnes, et, quelques jours après, une compagnie de cavallerie d'autant d'hommes, soub la charge et commandement de M. de Permignac.

Lesdits gens de guerre se seroient fortiffiés dedans la grosse maison joignant la porte bas, qu'ils auroient fortiffiée de doubles palissades tout à l'entour, revêtue de murailles de quatre à cinq pieds de hauteur par le dedans, avec grands frais et coutanges des sujets tant de la ville que de la prévôté.

Ils estoient payés de leurs gages, tellement que la ville n'en recevoit que les incommodités des logements, fournitures des lits et ustensiles, avec la ruyne des herbes et fruits des jardins.

Les compagnies qu'avoient fait leurs quartiers d'hiver tant à Etain qu'en autres lieux des environs, s'estant jointes soub la charge et commandement de M. le maréchal de La Ferté, l'armée auroit assiégé la ville de Valencienne, environ le jour du St-Sacrement, et fort pressé la ville; mais elle auroit esté secourue par Dom Jean d'Autriche, qui auroit fait lever le siége le dimanche 16 juillet, où ledit sieur maréchal auroit esté fait prisonnier et grand nombre de ses gens tués, l'armée mise en déroutte avec perte du bagage.

L'été fort chaud et secq, propre à la maturité des bleds qui estoient beaux et en assé bonne quantité; les moissons de foing faittes avec commodité, celles de bled commancées dès le premier ou second jour d'août, tellement que la quarte, qui s'estoit vendue 6 fr., auroit esté rabaissée de 2 fr., l'avoine 3 fr.

Les fruits des arbres, tant domestiques que champêtres, estoient en très-grande quantité, et telle que les arbres ne les pouvoient porter.

Lesdittes gens de guerre sortis dudit Etain en partie

sur la fin du mois d'août, le surplus délogé le 8 septembre.

Les vendanges aussy bonnes et plus que demy-année, ayant esté faittes par un tems propre et fort commode.

La saison du woyen fort propre pour le labourage et les semences belles.

L'hiver ayant commancé dès le premier ou second jour de novembre par pluyes et humides fort fâcheuses, auroit continué par gelées, pluyes et froidures jusqu'au 15 de mars.

1657.

Le 18 novembre 1656 seroient entrés audit Etain deux compagnies d'infanterie pour y faire leur quartier d'hiver, commandées par les capitaines les sieurs de La Mothe et de Champenois, faisant le nombre de cent hommes et plus, à la très-grande foule et ruyne des pauvres habitans, et y fait séjour jusqu'au 19 may, veille de Pentecoste de laditte année 1657.

Depuis le 15 de mars jusqu'au 25 d'avril, tems secq, froid et aride, propre à labourer les héritages de la saison de mars, mais incommode pour les bleds et les semences de marsages.

Les arbres, tant domestiques que champêtres, très-bien fleuris et préparés.

La pluye estant survenue environ le 25 avril, grandement propre tant pour avancer les bleds que pour semer et faire lever les marsages, n'auroit néantmoins esté de durée, la sécheresse ayant continué au détriment des grains, tant bled que marsages, mais grandement propre pour les fruits de la vigne, les raisins estant entrés en fleurs dès environ le 10 juin.

Les mois de may et juin secqs, excepté quelques trois

ou quatre jours pendant ledit mois de juin qu'il auroit fait quelques petites pluyes.

La nuit d'entre le dimanche et lundi 10 et 11 juin, Montmédy auroit esté assiégé par l'armée françoise, commandée par M. le maréchal de La Ferté.

Le pauvre peuple réduit à l'extrémité, tant par les courses des gens de l'armée que des Bourguignons qui pilloient et rançonnoient, que par les grandes charges et contributions dont il estoit journellement inquiété.

Continuation de tems chaud et secq jusqu'au quatrième août.

1658.

Le 9 janvier entrèrent à Etain deux compagnies d'infanterie du régiment de M. le maréchal de La Ferté pour y passer le quartier d'hiver. Les capitaines estoient les sieurs de Rozières et de la Verdière, y estant demeurés jusqu'au 2 juin suivant.

Les gelées ayant recommancés environ le 16 janvier, auroient continués fort aspres, avec de grandes neiges, qui auroient causés une extrême froidure et durés jusqu'au 20 février, que les neiges, par les pluyes survenues, se seroient fondues et causés de grands ravages et débordemens des rivières et ruisseaux, en sorte qu'en plusieurs lieux les ponts en auroient esté rompus, et causés d'autres grands dommages et incommodités.

Quoique le tems fût aussy adonné à gelées et froidures extrêmes, une chose seroit arrivée qui auroit étonné beaucoup de personnes : c'est que la nuit d'entre le mercredi 6 et le jeudi 7 février, il auroit fait éclairs, tonnerres, feu et lumières par l'air, tellement qu'en aucuns lieux il sembloit que l'air, les bois, buissons et villages soient en feu, au grand étonnement de ceux qui le voyoient, ce qu'auroit duré jusqu'au matin.

Depuis ledit jour 20 février, les froidures auroient continués par gelées, vents et autres incommodités de tems jusqu'au 7 ou 8 d'avril.

On peut dire une chose, que jamais les plus anciens n'avoient veu auparavant ce que l'hiver auroit duré par pluyes, neiges, gelées et autres tems fâcheux et incommodes l'espace de huit mois.

Encore du depuis les pluyes auroient durés jusqu'au quatrième juillet, auquel jour il en auroit tombé en abondance, n'ayant presque alors esté trois jours sans pleuvoir, tems couvert, vents et autres incommodités, tellement qu'audit jour 4 juillet, les biens de la terre n'estoient avancés, les froments et la vigne ne faisant qu'entrer en fleurs, ce qui présageoit des tardives moissons et vendanges.

Dunkerque au Païs-Bas assiégé par l'armée françoise, commandée par les sieurs de La Ferté et Turenne, rendue par composition le 24 juin, après plusieurs rencontres et victoires que laditte armée françoise auroit obtenu, où grand nombre de capitaines et officiers espagnols auroient esté faits prisonniers.

Quelques mois après la reddition de Dunkerque, Graveline auroit aussy esté assiégée par M. de La Ferté et rendue.

Cependant tout le pauvre pays de Lorraine estoit réduit en extrême misère par les logements des quartiers d'hiver de cette année et des deux précédentes, et tant d'autres levées de deniers qui leur estoient journellement imposés pour les contributions ordinaires de Mussy, Bitche, Hombourg et Nancy, qu'il estoit impossible au pauvre peuple d'y fournir ni subsister, la pluspart des habitans quittoient leurs demeures et s'absentoient du pays, tellement que le nombre des pauvres habitans d'Etain se trouvoient réduits à 40 ou environ, la pluspart pauvres, au lieu de 350 ou 400 qu'ils estoient avant les guerres; les bâtiments et maisons abandonnés et tellement ruynés, que de dix maisons il ne s'en trouvoit une logeable.

La quarte de bled se vendoit 8 fr.

Les grains marsages fort rares.

Le tems chaud, commancé au 5 juillet, auroit continué fort propre et commode pour les grains et la vigne jusques environ le 20 de septembre, les terres estant tellement sèches qu'on ne pouvoit labourer, tellement qu'on n'auroit commancé la culture dernière pour semer qu'environ le jour de St-Rémy.

Et comme on n'avoit seu labourer avant ledit jour, que fort peu et avec grande peine, à cause de la sécheresse qui avoit endurci les terres, en telle sorte que la charrue n'y pouvoit entrer.

Les pluyes estant survenues continuelles et fort fâcheuses auroient aussy empêché la culture et labourage des terres pour semer les bleds, tellement que ladite labourre n'estoit achevée qu'environ le jour de Toussaint.

Les moissons fort tardives à cause des pluyes, et les bleds de petits rapports par les accidents de miellures, embrunures, tellement que le prix auroit remonté jusqu'à 9 fr. la quarte, l'avoine 4 fr., l'orge 6 fr. 8 gros, et depuis la quarte de bled auroit montée jusqu'à 10 fr.

L'hiver ayant commancé par froidures dès environ le jour de St-Luc, auroit continué par pluyes, vents et autres tems fort fâcheux et incommodes pour les voyageurs, principalement jusqu'à la fin du mois de novembre.

Le soir du 22 novembre, pendant un tems de pluye et

neiges, auroit fait un orage d'éclairs et tonnerre, choses inaccoutumées en cette saison.

Les gelées, commancés du second jour de décembre, auroient continués fort rudes jusqu'au vingt dudit mois, que les pluyes et neiges fondues auroient recommancés avec vents humides et autres fâcheux tems et incommodes, et continués jusqu'au 15 février de l'année 1659.

Le 23 de décembre, deux compagnies d'infanterie du régiment de M. le maréchal de La Ferté, commandées par les capitaines de Rozières et Raillac, seroient entrées à Etain pour y faire leur quartier d'hiver.

1659.

Environ le 15 février, les gelées auroient recommancés assé fortes et continués jusqu'au commencement d'avril.

Les grains chers, la quarte de bled 10 fr. à 11 fr., la quarte d'orge 6 à 7 fr., l'avoine 4 fr.

Au mois de mars, les nouvelles estoient partout que la paix se faisoit entre le roy de France et d'Espagne, et que dans peu de tems on en oyeroit la publication; on n'en avoit autant parlé depuis vingt ans, et même les astrologiens faisoient mention en leurs almanachs d'un mariage royal qui promettoit la paix. Dieu veuille y pourvoir.

Le mois de mars et commancement d'avril secqs et sans pluyes jusqu'au 19 dudit mois d'avril que la pluye auroit arrivée environ la nuit avec éclairs et tonnerres.

Continuation de beau tems et fort chaud jusqu'au commancement du mois de may qu'il se seroit changé par gelées qui auroient continués cinq ou six jours de suitte, ce qui auroit gasté la vigne qui commençoit à pousser, et ce en plusieurs lieux, comme aussy auroit entièrement perdu et gasté les fleurs des poiriers et des fruits à noyaux qui estoient autant bien fleurys qu'on les ait jamais veus, tellement que le vin, qui n'estoit que dix gros le pot, auroit remonté jusqu'à quinze à seize gros.

Pendant ce tems, le mariage du roy auroit esté traité et accordé avec la fille d'Espagne, ce qui faisoit de tant plus espérer la paix.

Le tems chaud et secq, ayant continué jusqu'aux jours caniculaires 24 juillet, se seroit changé par vents et nuages froids, qui auroit duré jusqu'à la fin d'iceux.

Les moissons de foing de peu de rapport; le foing fort cher, la charée se vendoit 30 fr.

Celles de bled et marsages assé bonnes et plantureuses et les grains bons.

Les nouvelles de l'élargissement de la personne de S. A. Charles, duc de Lorraine, après avoir été détenu et arresté en Espagne l'espace de cinq ans ou environ, on en auroit chanté le *Te Deum* ès églises de Lorraine, et en fait les feux de réjouissance par les villes.

La fin de l'été et le commancement de l'automne fort froids, venteux et pluvieux, ce qu'auroit causé du retardement aux vendanges et grandes incommodités aux laboureurs pour la saison du woyen.

L'on tenoit toujours la paix pour asseurée, mais le pauvre peuple ne jouissoit encore des effets d'icelle.

Tout le long de l'automne, pluyes, neiges, vents et grêles avec froidures comme en hiver; néantmoins les semences en bleds autant belles qu'on les ait jamais veu. Il est vrai qu'en quelques contrées la multitude des souris les auroient endommagés.

La cherté des bleds et grains continuant, la quarte de bled 8 fr., celle d'avoine 3 fr.

Gelées commancés dès le commancement de décembre

avec neiges et froidures extrêmes qui ont duré jusqu'à la fin du mois de février.

Chacun asseuroit que l'on ne supporteroit aucun quartier d'hiver, ce qu'auroit esté véritable quant aux troupes de France, mais celles de S. A. auroient venus en Lorraine, nottamment au bailliage de St-Mihiel, lequel elles auroient occupés entièrement; trois compagnies de cavallerie logées à Etain et villages de la prévôté dudit lieu où elles sont entrées le 29 décembre, sçavoir : les deux compagnies des gardes de S. A., dont estoient capitaines les sieurs de la Boulai et baron d'Agecourt, et la compagnie de chevaux-légers de Saditte Altesse, le capitaine estant le baron des Armoises ; chacune desdittes compagnies de 45 hommes, la pluspart ayant chacun deux chevaux, à la grande ruyne, foule et oppression des pauvres sujets tant de la ville que de la prévôté, jà ruynés de la cherté des vivres et rareté des fourrages.

1660.

La paix entre les roys de France et d'Espagne publiée en France, même en Lorraine, par ordonnance du roy et ce par toutes les villes dudit pays de Lorraine, au mois de février 1660.

Continuation de tems froid, pluvieux et venteux, tellement que le bétail ne trouvant à pasturer, se mouroit en grand nombre.

La vigne paroissant belle et le fruit en aussi grande quantité qu'on avoit jamais veu, une seule gelée, arrivée la nuit d'entre les 18 et 19 may, auroit gasté la plus grande partie, et nottamment au pays Messin et sous les costes, tellement que le vin auroit enchéry, le pot s'estant vendu 16, 18 et 21 gros, et jusqu'à 2 fr. avant les vendanges.

Cette gelée auroit aussi fait dommages aux bleds, principalement aux seigles, et aussy la bruine en auroit gasté partie.

La pluye, arrivée la veille de Translation St-Martin, auroit continué 21 ou 22 jours fort incommode.

L'été beau avec chaleurs, les moissons faittes en tems beau et commode, non trop plantureuses à cause des gelées et bruines cy-devant mentionnées, tellement que, pendant l'été et l'automne, la quarte de bled se vendoit 9 à 10 fr., celle d'avoine 4 fr.

La saison de woyen extrêmement belle et commode pour la laboure, ce qu'auroit aussitôt fait paroître les semences très-belles.

Son Altesse, depuis son élargissement d'Espagne, auroit séjourné en France, principalement à Paris, et cependant on traitoit des difficultés survenues entre Saditte Altesse et Monseigneur le prince N. François, son frère. On remettoit de jour à autres le retour de S. A. dans ses pays; mais l'effet de son retour nous a esté grandement ennuyeux et est tout présentement.

Pendant tout ledit tems, les troupes de Saditte Altesse auroient demeurés dedans les villes et villages, à la grande foulle et oppression des pauvres sujets, qui, outre ce, ne laissoient d'être chargés d'autres tailles et contributions autant que jamais auparavant.

Les vendanges fertiles au Barrois, mais les vins de petite qualité, la queue se vendant sur les lieux 64 ou 65 fr., autant et plus à l'entour de Metz et Verdun; mais il estoit meilleur.

L'hiver commancé dès le commancement de novembre par gelées, pluyes, neiges, vents et autre fâcheux tems froid et fort incommode, qui auroit continué jusqu'au mois d'avril de l'année suivante.

Ravages et débordements des rivières et ruisseaux, n'ayant fait, pendant les mois de novembre et décembre, janvier, février et mars, autres tems que pluyes, sinon parfois deux ou trois jours de petites gelées, tellement qu'on n'avoit jamais veu auparavant hiver si humide et pluvieux.

1661.

Son Altesse estant toujours à Paris, le roy lui auroit, le premier jour de l'an 1661, rendus et remis ses pays de Lorraine et Barrois ; mais pour cela, Saditte Altesse auroit continué son séjour à Paris, au grand regret de ses sujets, foullés et oppressés, tant des contributions qui se continuoient à Nancy, logement des gens de guerre de Saditte Altesse par toutes les villes et villages de ses pays, qu'il convenoit payer et nourrir.

Le tems s'estant changé environ le commancement d'avril et fait quelques journées de beau tems, les arbres auroient commancés à fleurir, mais la gelée auroit survenue, qui auroit duré quatre ou cinq jours de suitte, fait gaster partie des fleurs des fruits à noyaux, et depuis la pluye et tems froid auroit encore continué.

Cependant les bleds et grains demeuroient chers et au même prix qu'auparavant.

S. A., arrivée à Bar le 14 avril, auroit changé plusieurs officiers de son pays, tant de judicature qu'autres, et laissé ses offices en finance.

Si l'automne et l'hiver avoient esté pluvieux, le printems auroit esté exempt, ayant continué de deux ou trois jours à autres et duré jusqu'au mois de juin.

La Cour Souveraine de Lorraine rétablie par S. A., et les séances d'icelle à St-Nicolas et à St-Mihiel.

Arrêt de laditte Cour, du 27 avril, portant deffences à tous juges et officiers des duchés de Lorraine et Barrois d'exercer les fonctions de leurs charges et offices jusqu'à ce qu'il en auroit esté autrement ordonné, et cependant permission aux parties de se pourvoir par devers laditte Cour.

Le neuvième may, la compagnie des gardes de S. A., commandée par le baron de Chauvirey, auroit sortie d'Etain après y avoir logé l'espace de seize mois et plus, sçavoir du 29 décembre 1659 jusqu'audit jour 9 may 1661.

Les officiers de justice nouvellement établis et autres remis à l'exercice et fonctions de leurs offices environ le 20 may.

Pendant le mois de juin il auroit fait de grandes chaleurs avec tonnerres et pluyes par intervalles, le tems chaud ayant fait avancer la maturité des biens de la terre, et les fruits de la vigne entrés en fleurs environ le 20 dudit mois.

A la St-Jean-Baptiste, la quarte froment se vendoit 10 fr. 6 gros, l'avoine 4 fr. 6 gros.

L'imposition d'un million de frans faitte par S. A. sur les sujets de ses pays, jà ruynés, foullés et oppressés de tant d'autres charges qu'ils soutenoient, et même pour la démolition des forteresses de Nancy et paiement d'un grand nombre d'ouvriers qui faisoient le démolissement.

Les chaleurs continuant, l'ardeur du soleil auroit grandement amoindry les grains qui pendoient en racines.

Les fenaisons faittes commodément sans pluyes.

Les moissons, tant de bled que marsages, faittes par un tems assé beau et commode, mais les bleds de petit rapport, les grandes chaleurs et sécheresses les ayant fait diminuer d'un tiers ou plus de ce qu'on en espéroit, outre qu'ils estoient entremélés d'yvrey et autres mauvaises herbes; tellement qu'au lieu de rabaisser de prix ils auroient remonté jusqu'à 12 fr. la quarte.

Les marsages aussy de petit rapport et beaucoup moins qu'on en espéroit, la quarte d'avoine 6 fr.

Les vendanges faittes en très-beau tems et communément plantureuses et le vin bon.

L'automne beau et propre pour les labours.

Les fortifications de Nancy démolyes et ruynées, et pour ce fait, tous les sujets du pays commandés pour y travailler, ce qui ne s'est fait qu'avec grands frais.

Celles de Nancy la neuve avoient esté faittes et dressées environ l'an 1588, qui avoient coûtés des sommes inestimables; et tout ainsy que le peuple estoit commandé à travailler à l'établissement, aussy a-t-il esté au démolissement.

Continuation de beau tems jusqu'au 20 novembre qu'il auroit fait par deux jours orages de vents et pluyes continuelles avec débordement de rivières.

1662.

Continuation de tems pluvieux, orageux et venteux, fort fàcheux et incommode.

L'établissement du bailliage d'Etain par S. A., composé des prévôtés dudit Etain, Arrancy, Longuyon et Longwy avec le ban de Buzy.

Charles de Thomesson, premier gentilhomme de la chambre de S. A., seigneur de Remenoncourt, étably premier bailly et gouverneur dudit Etain.

La première séance auroit esté le samedy septième janvier de laditte année 1662, où les lettres d'établissement dudit bailliage et de provision dudit sieur de Remenoncourt auroient esté lues et publiées.

Au même tems on disoit avoir esté par Saditte Altesse étably un bailliage à Briey, composé de la prévôté dudit lieu et de celles de Sancy, Norroy-le-Secq et Conflans, mais l'exercise n'auroit esté commancé.

Le tems auroit continué par pluyes et vents fort fâcheux jusqu'au 16 janvier que les gelées auroient commancés ; toutesfois, elles n'auroient durés que deux ou trois jours.

Depuis, les pluyes, vents et orages auroient continués tout du long de l'hiver, en sorte qu'il n'y auroit eu que fort peu de gelées, la plus longue n'ayant duré que deux ou trois jours.

La cession et transport des duchés de Lorraine et Barrois fait par le duc Charles 4 au roy de France Louis 14 ; de quoi les articles auroient esté rédigés par escript du sixième février en laditte année 1662.

Le commencement du printems assé beau et commode pour les biens de la terre, les bleds paroissant beaux et les articles, tant domestiques que champêtres, bien aprêtés.

Les grains ne laissoient d'être chers, la quarte de bled se vendant 13 fr. 6 gros et jusqu'à 14 fr., la quarte d'avoine 6 fr. et 6 fr. 6 gros.

Avec cette cherté des grains, le peuple estoit fort chargé de tailles et contributions, autant et plus qu'aux années précédentes, et nottamment pour les frais de la démolition des fortifications de Nancy.

Les gelées commancées à quelques matinées du mois de may, auroient fait dommages à la vigne en plusieurs lieux.

Toutefois, il auroit resté plantureuse nation, et le tems venu à propos les auroit fait avancer, en sorte qu'au commencement de juillet les raisins estoient en verjus.

Les chaleurs estant grandes et ne faisant point de pluyes, il estoit impossible de labourer pour la saison de versaines et reinures.

Avant la fin du printems, veoir dès le mois de may, les

grains auroient encore enchéris, la quarte de bled froment se vendant 18 fr., encore n'en pouvoit-on recouvrer qu'à grand peine.

Le temps secq ayant continué jusqu'à la fin du mois de juillet, les pluyes survenues propres pour labourer, mais incommodes aux moissons; toutefois, le beau tems s'estant remis le 6 d'août, on auroit eu tems propre et commode pour lesdites moissons.

Les moissons, tant de bled que marsages, médiocrement bonnes, tellement qu'au 10 septembre, la quarte de bled ne s'est vendue sous la halle, à Etain, que 9 fr., la quarte marsage 5 fr.

L'automne fort secq, en sorte que les terres labourées et ensemencées de bled ne jetoient au désir des laboureurs, nottamment les dernières semences.

Enfin, les pluyes avec vents grandement orageux seroient survenues environ le 20 novembre; lesdits vents ayant causés plusieurs incommodités aux voyageurs et arrachés plusieurs arbres.

Les bleds auroient encore diminués de prix, tellement que, sur la fin du mois de novembre, la quarte de bled ne valoit que 7 fr., celle d'avoine 4 fr.

Le tems fâcheux ayant continué jusqu'au 6 de décembre, jour de feste St-Nicolas, auquel jour la gelée extrêmement rude accompagnée de vents orageux et neiges, auroient arrivés et continués jusqu'au 21 dudit mois que le tems se seroit changé en pluyes, mais elle n'auroit duré que quatre à cinq jours.

Les gelées s'estant remises fortes avec froidures extrêmes et autant rudes qu'on les ait senties de dix ans auparavant, auroient continués tout du long du mois de janvier.

1663.

Les gelées extrêmement froides avec neiges en abondance, auroient durés jusqu'à la fin du mois de février, tellement que l'hiver auroit duré avec froidure autant qu'on ait veu hiver de vingt ans auparavant.

Le commancement du mois de mars jusqu'au 8 ou 9, pluyes continuelles, débordement des ruisseaux et rivières, tems fort fâcheux et incommode, tant pour les voyageurs que pour les laboureurs.

Environ le 10 dudit mois de mars, le beau tems doux et agréable estant venu, les laboureurs auroient commancés à labourer pour les marsages.

Le jeudi huitième dudit mois de mars auroit entrée en la ville d'Etain une compagnie de cinquante cavalliers françois, de laquelle estoit capitaine le sieur Dambly.

Et le 1er avril suivant auroit laditte compagnie sortie dudit Etain et se logée aux villages de la prévôté par ordre du sieur intendant en la ville de Metz.

Le tems secq continuant, mais avec grands vents et froidures, et, de plus, les pluyes avec vents et froidures, tems variables et inconstant.

Les biens de la terre fort tardifs, les boutons de la vigne n'estant encore ouverts pour une bonne partie au premier jour de may.

Tous les arbres portant fruits fort bien préparés et fleuris, les fleurs n'estant encore tombées audit jour premier de may.

Continuation de tems humide et venteux, malpropre pour l'avancement des biens de la terre, ce qu'auroit retardé la fleur des raisins jusqu'au jour de St-Jean-Baptiste qu'ils auroient commancés à fleurir, mais le tems nuageux, couvert, humide et venteux continuant, auroit empêché la perfection et meurisson de tous les biens de la terre.

La compagnie de cavalerie du sieur d'Ambly, qui estoit sortie d'Etain le premier jour d'avril, y auroit rentrée le 19 juillet suivant.

Elle en est sortie le 17 août suivant.

Le tems nuageux et pluvieux auroit continué jusqu'au 20 août, que le beau tems estant venu, on auroit commancé les moissons, lesquelles, quant aux bleds, ne sont trouvés planlureuses ny fructueuses, les pluyes continuelles ayant empêché la bonne maturité des bleds et même de tous les fruits des arbres, qui estoient en bonnes quantités, mais sans saveur ny bon goût.

Choses extrêmes, que ledit tems humide, pluvieux et incommode, commancé dès le 10 juin, auroit continué jusqu'audit jour 20 août, en sorte qu'au jour d'Assomption Notre-Dame, les rivières estoient débordées.

Les fenaisons plantureuses, mais les foings de peu de valeur, n'estant de bonne meurisson à cause des pluyes.

Le beau tems ayant commancé et continué jusqu'au 20 août, la pluye auroit recommancé le 28 et duré tout le reste de l'été.

Les grains chers, la quarte de bled vieux montant jusqu'à 12 fr., celle de nouveau 10 fr., l'orge 6 fr., l'avoine 4 fr. et 4 fr. 6 gros.

Les moissons ayant esté grandement incommodées par les pluyes, infructueuses quant aux bleds, mais bonnes et plantureuses pour les marsages.

L'espérance qu'on auroit conceu de faire une bonne et plantureuse vendange par la grande et inumérable quantité de raisins qui estoient aux vignes, auroit esté perdue par les pluyes continuelles froides et du tout incommodés, qui auroient gastés et perdus les raisins, tellement que les vendanges seroient esté presque entièrement perdues et ce qu'auroit resté de peu de valeur.

Sy l'été avoit esté pluvieux, venteux et incommode, l'automne l'auroit esté encore davantage, les pluyes, vents, orages, tems nuageux et sombre, ayant continué et duré tout le long d'icelui, en sorte qu'on auroit eu grande peine à labourer et ensemencer pour le woyen.

Environ la St-Martin d'hiver, la quarte de bled se vendoit 9 fr. 6 gros et 10 fr., la quarte avoine 30 gros.

Environ le Noël suivant, la quarte de bled 8 fr., celle d'avoine 2 fr.

Le vin fort cher, le pot se vendant 18, 20 et 22 gros.

Le pauvre peuple frustré du repos qu'il avoit espéré, tant par le paiement des impôts qu'autres nouvelletés.

Le tems pluvieux, orageux et venteux continuant, tellement que jusqu'au Noël il n'auroit fait que deux ou trois jours de gelées.

1664.

La veille de l'an 1664, la gelée seroit venue, mais toujours tems nuageux et couvert avec froidures extrêmes.

L'hiver variable et fort inconstant, comme avoient esté les autres saisons, par pluyes, vents, bruines, neiges et quelques gelées, mais principalement des pluyes, les chemins estant tellement fangeux et humides qu'on ne pouvoit voyager jusques environ la fin du mois de février que le tems se seroit esclaircy, le soleil luisant du matin jusqu'au soir, néantmoins froid et venteux avec gelées.

Monsieur de Baillivy, établi par S. A. gouverneur d'Etain, au lieu et place de M. de Remenoncourt, bailly.

Continuation de tems secq tout du long du mois de mars,

mais froid avec gelées le matin, tellement que les laboureurs auroient eu la saison propre et commode pour labourer.

Environ les Pasques, la quarte froment se vendoit 9 fr., celle de métillon 6 fr., celle d'orge 5 fr. 6 gros, et l'avoine 28 gros.

Le tems doux et serain arrivé environ le 12 avril, propre et commode à tous les biens de la terre, auroit continué jusqu'à sept à huit jours, lequel tems passé, les pluyes auroient recommancés fâcheuses et incommodes jusque sur la fin dudit mois que le beau tems doux, serain et grandement profitable aux biens de la terre, auroit venu et continué par chaleurs, comme en plein été, jusqu'au 5 juin, que les pluyes auroient tombés pour quelques jours, mais peu après le beau tems avec grandes chaleurs estants revenus, auroit continué jusqu'au 22 juillet.

Depuis lequel jour les pluyes et tems fort incommode, tant pour les moissons que pour la maturité des fruits de la vigne, estant revenus, auroit causé le retard desdittes moissons, d'autant que, s'il faisoit une journée de beau tems, la suivante estoit pluvieuse, et ainsi jusqu'à la fin desdittes moissons, tant de bled que de marsages.

Néantmoins les moissons assé bonnes et plantureuses, tant de bled que de marsages, la quarte froment n'estant vendue, environ la St-Remy, que 6 fr. 4 gros, celle d'avoine 28 gros.

La saison du woyen de laditte année belle et commode au labourage, tellement qu'au jour de St-Remy toute la laboure estoit faitte et les terres ensemencées.

Depuis ledit jour St-Remy, les pluyes continuelles et en abondance jusqu'au jour de Noël.

1665.

Les pluyes estant cessés environ le jour de Noël, les gelées et neiges seroient venues fort rudes et extrêmes en froidures, qui auroient continués tout du long de l'hiver et jusqu'au 22 de mars, faisant par intervalles quelques pluyes qui faisoient fondre la neige et grossir les rivières, qui auroient esté débordées, tellement que cet hiver auroit esté extrêmement froid autant qu'on l'ait veu de plus de cinquante ans auparavant, et fort ennuyeux pour sa longue durée, ce qu'auroit causé qu'on n'auroit labouré pour les marsages que jusque sur la fin dudit mois de mars; mais le beau tems estant venu environ le 23 dudit mois, on auroit eu commodité de mettre les marsages au champ.

Les matinées demeurant froides, la vigne n'auroit sceu advancer, tellement que les raisins n'auroient parus qu'environ le 24 d'avril.

La quarte de bled froment s'est vendue 7 fr., le métillon 5, et l'avoine 4 fr.

Environ ledit jour 24 avril seroient venues des gelées le matin par trois ou quatre jours, qui auroient endommagés le fruit de la vigne en plusieurs lieux.

Le premier jour de may, le tems se seroit changé en pluye, vents, gresil et froidures qui auroient durés jusqu'au 20 dudit mois, que le beau tems seroit venu avec chaleurs très-propres et commodes pour l'advancement de touts les biens de la terre, et duré jusqu'à la fin du mois de juillet.

Au commancement du mois d'août, l'air se seroit rendu nuageux, les matinées froides, le tems venteux, les chaleurs n'estant grandes selon la saison, ce qu'auroit continué jusqu'au 12 dudit mois ou environ.

Les fenaisons faittes en beau tems et fort commode, mais

aussitôt après, les moissons de bleds estant commancées et advancées jusques à moitié, les pluyes auroient recommancés fort fâcheuses pour le parachever desdittes moissons de bleds, et encore plus pour les marsages, ayant eu quantité de grains germés.

L'automne nuageux, pluvieux et froid, tellement que les vendanges auroient esté retardées jusqu'environ le 15 d'octobre, et néantmoins les vendanges bonnes et plantureuses, le vin médiocrement bon.

Les moissons de grains aussy assé bonnes et plantureuses.

Les pluyes, vents, nuages et gelées, tems froids et fâcheux ayant continué tout du long de l'automne, tellement que cette saison a esté un vrai hiver.

Les grains continuants à même prix, sçavoir, la quarte de bled à 7 fr., le métillon 5 fr., et l'avoine 3 fr. 6 gros.

1666.

Au mois de février 1666, la quarte de bled s'est vendue 6 fr., celle d'orge 5 fr., et l'avoine 28 gros.

L'automne ayant esté froid par gelées, vents et pluyes, l'hiver auroit esté de même, ayant gelé dès le commancement, fait neiges tout du long d'icelui, sinon quelques jours qui auroient donnés vents et pluyes.

Continuation de gelées jusques environ le sixième jour d'avril, que le beau tems et propre pour les biens de la terre seroit survenu.

Et puis après, telles chaleurs auroient survenues et durées jusqu'au mois d.....

(Ici finit le manuscrit.)

EXTRAITS

DU

BLANC-LIVRE.

1667.

En la présente année 1667, on a fait grande préparation de guerre, mais il ne s'y en a point fait. Au commencement du printems, le roy de France a mis une forte armée sur pied, qui a fait grand peur et grand bruit, et le roy lui-même a obligé S. A. de lui fournir une grande partie de ses gens, ce qui a bien étonné le pays, même dans la ville de Nancy; au mois de may, tous les bourgeois et autres de laditte ville et du pays ont esté dans les villes voisines, comme à Metz, Toul et Verdun, ce qui a causé de grands dommages et intérêts à la Lorraine, et en même tems on a levé grande quantité de recrue par le pays pour mettre dans la ville de Longwy, même toute la noblesse des frontières, à cause que l'on disoit que le Luxembourg feroit la guerre en Lorraine, ce qui a duré un mois et plus;

même il a fallu fournir ledit Longwy de vivres que l'on a pris dans tous les greniers partout où l'on en a trouvé ; et à Etain il a fallu fournir trois mille rations de pain pour l'armée de S. A., qui a esté conduite en France par Monseigneur le prince de Lilbonne, lequel, pour sortir de Lorraine, a été à Chatillon pendant huit jours, et depuis qu'il est entré en France, l'on a esté un peu en sûreté, et en le même tems, S. A. a envoyé à Bruxelles M. de Rambouilly pour tâcher que le pays de Lorraine fût neutre.

En la présente année il y a eu de grands quartiers d'hiver qui ont duré l'espace de six mois et demi, et il falloit tous les jours trouver beaucoup d'argent.

Pendant ledit quartier d'hiver, M. de Remencourt, gouverneur et bailly d'Etain, a eu ordre de S. A. de lever une compagnie de cavalerie audit Etain ; il a fallu supporter laditte compagnie dans la ville et prévôté jusqu'au mois de may, et pendant ledit tems, nous avons soutenu trente chevaux logés l'espace de six semaines. Au mois de février, l'on a fait lever quantité de soldats par tout le pays, qui a coûté beaucoup à toute la prévôté ; il les a fallu armer de toutes pièces et payer leur subsistance tous les jours.

A la fin du mois de mars, toutes les troupes de S. A. se sont retirées çà et là, où nous avons eu le logement de Monseigneur le prince, savoir : Monseigneur le prince de Lilbonne et de M. de Vaudémont avec dix compagnies d'infanterie l'espace de huit jours pour une fois.

Au mois de may est revenu mondit seigneur le prince avec quatre compagnies d'infanterie qui y ont esté quinze jours, pendant lesquels on attendoit Mme de Lilbonne, et même les relais ont esté au-devant jusqu'au Pont et par de là, là où nous avions préparé un petit présent pour lui présenter; mais voyant qu'elle ne venoit point, nous l'avons offert à Monseigneur le prince.

1669.

En la présente année il y a eu de grands étonnements par le pays à cause des impôts que l'on vouloit établir tant dans la Lorraine que dans les évêchés de Metz, Toul et Verdun, qui étoient par des monopoleurs venus de France.

1673.

Environ le 12ᵉ juillet 1673, le roy très-chrétien fit son entrée en la ville de Verdun avec la reine et toute la cour, où ayant séjourné deux jours, il partit et vint à Thionville, de là à Metz, puis au Pont-à-Mousson et à Nancy, où il séjourna avec la reine et toute ladite cour plus de six semaines pour faire travailler à la réparation et fortification des murailles de ladite ville de Nancy.

Pendant lequel temps il délivra ses ordres au sieur de Sᵗ-Pouange, pour lors intendant en Lorraine, pour faire fournir par les prévôtés des vaches, foin et avoine, où que la prévôté, ville et officiers d'Etain estoient taxés à cents chars de foin, dix-huit vaches, quatre-vingts rezals d'avoine, mesure de Nancy, pour être menez et conduits à ladite ville aux frais et dépens dudit office.

Bien peu de temps après, les officiers de ce lieu reçurent l'ordre du sieur Charvel, intendant nouveau, pour faire mener et voiturer à la ville de Nancy, pour les fortifications d'icelle, 540 palissades, chacune d'icelles rachetées en argent à 26 gros, le tout aux frais et dépens de la ville, prévôté et office d'Etain.

Au même tems, lesdits officiers reçurent un autre ordre dudit sieur l'intendant, pour fournir auxdites fortifications de laditte ville de Nancy dix-huit hommes, chacun d'iceux à deux francs par jour, le tout aux dépens de laditte ville et prévôté d'Etain; ce qui a duré l'espace de six mois entiers.

Après tout ce que dessus, ce qui étonna encore plus le pauvre peuple après être ruiné d'impositions, gabelles et autres charges, ce fut la déclaration de la guerre, qui fut le 16e d'octobre de laditte année 1673, entre l'empereur, les roys de France et d'Espagne et autres princes chrétiens, où que les Luxembourgeois obligèrent la Lorraine à leur payer contribution et en envoyèrent un avertissement à Etain de cinquante pistoles d'or par trois mois à autres, ce qui a duré quinze mois entiers

Bien peu de tems après laditte déclaration de guerre, voilà un ordre envoyé de la part du sieur intendant de Lorraine pour faire imposer par les officiers de ce lieu sur la ville et prévôté d'Etain une somme de 2,400 livres, rien que pour l'imposition du mois de novembre; ce qui étonna tellement les pauvres bourgeois que chacun estoit prêt à abandonner la ville, et tellement que la susditte imposition ne fut pas pour le mois seul, mais pour décembre, janvier, février, mars et avril suivants, sans comprendre une autre imposition de 723 livres pour chacun des mois susdits, qu'il a fallu encore payer outre la susditte somme de 2,400 livres, faisant les deux répartitions ensemble, pour lesdits six mois, tant pour la ville que pour la prévôté, la somme de 18,738 livres.

1676.

Pendant laditte année 1676, il y a eu de grandes impositions sur le pays, ce qui étonna grandement les pauvres bourgeois.

1677.

Au commencement du mois de may 1677, S. A. de Lorraine vient du côté de Longwy avec une puissante armée d'Allemands et de Cravates, qui étonnèrent encore plus les pauvres bourgeois, tant dudit Etain que des lieux circonvoisins, lesquels prirent tous la fuite, les uns à Metz, les autres à Verdun et autres villes circonvoisines.

1687.

Le 17e avril 1687, Monsr. l'intendant étant à Verdun, envoya un exprès à Etain avec une lettre adressée au mayeur, avec ordre de se transporter audit Verdun aussitôt icelle reçue, et comme il n'estoit pas au logis, l'un des échevins partit pour recevoir les ordres dudit sieur intendant, lequel lui déclara que le roy devoit être le 9 du mois de may suivant au gite à Etain pour de là aller à Luxembourg, et qu'il falloit sans aucun retard mettre tous les chemins en bon état et particulièrement la ville d'Etain, n'y laisser aucun fumier ni boue, applanir toutes les voies et élargir les détroits qui se trouveroient par la route. Etant de retour, et la communauté assemblée à cet effet, l'on résolut qu'on partageroit la ville en huit brigades, et que chaque jour il y en auroit deux aux travaux ; cela continua huit à dix jours ; mais comme le travail ne s'avançoit pas assez et que le tems pressoit, toute la ville fut occupée fêtes et dimanches et tous les jours à travailler fortement, tant pour la vuidange des fumiers que pour remplir la rue du pavé depuis le haut jusqu'en bas et à d'autres endroits, de pierres et chalins, à quoy il y eut encore plus de dix mille chars et barrotés de remplissage, de sorte qu'un chacun estoit tellement occupé èsdits travaux en toute manière, que le propre travail des habitants fut abandonné; et comme il y avoit une grande sécheresse, tout le finage resta sans être versé, et les manœuvres ne purent gagner un sol pendant tout ce tems, qui dura six semaines, d'autant que, comme le roy devoit être le 9 de may à Etain, son voyage fut retardé jusqu'au 19, qui fut proprement le lendemain de la Pentecôte.

Enfin, le roy arriva à Etain ledit jour 19 may 1687, à deux heures après midi, avec une suite très-magnifique et impossible d'en faire le détail convenable à la grandeur ; il fut logé chez les sieurs de Rancée et Hallot, à cause que leurs maisons sont contiguës et qu'il y avoit communication. Après son dîner, ledit sieur mayeur et quelques-uns de ses gens de justice eurent l'honneur de faire la révérence par une profonde génuflexion au roy dans son appartement, et lui témoignèrent par un profond respect l'honneur, la joye et le plaisir que toute la ville recevoit par la présence de S. M. A quoy aussi le roy témoigna être satisfait par un signe et abaissement de tête qu'il leur fit et un regard tout-à-fait agréable, après quoy il alla à la chasse dans les bleds et tua plusieurs cailles.

Monseigneur le Dauphin alla aussi à la chasse d'un autre côté, à l'entour du haut bois, et tua quelques gibiers.

Le lendemain, ils entendirent la messe aux Capucins, auxquels il donna trente-trois louis d'or; il fit de plus beaucoup d'aumônes à diverses personnes, les filles qui furent quêter parmi l'église reçurent douze pistoles; au sortir de là il s'en alla à Longwy et de là à Luxembourg, et enfin revint au gite à Etain, l'avant-veille du St-Sacrement; il n'arriva que soleil couchant, parce qu'il s'exerça encore à la chasse tant dans les bleds d'Etain que prairie, sept heures entières, et y tua pour cette fois dix-sept cailles. Le lendemain, avant de partir, il entendit la messe à la grande église avec toute la cour et donna encore quelques louis d'or, et Mme de Maintenon ajouta une belle chasuble et un devant d'autel.

1698.

En l'an de grâce 1698, par la grâce de Dieu, la paix ayant esté faite entre les princes chrétiens, la Lorraine qui, depuis l'an 1670, avoit esté sous la domination du roy de France, fut rendue à notre souverain seigneur et prince S. A. R. Léopold Ier du nom, fils de ce grand héros Charles V, d'heureuse mémoire, prince sans pareil, qui a esté le véritable boulevard de la chréticneté, le sauveur de l'Empire et de Vienne et la terreur des Ottomans, duquel les bons Lorrains n'ont pas eu l'honneur de posséder sa domination. Le pays étant ainsi rendu, Saditte Altesse Royale y fit son entrée en la fin du mois d'avril de cette même année, et toutes choses estant remises sur le pied de l'ancienne coutume.

L'on peut remarquer que cette année a esté la plus fâcheuse qui se soit vue de longtems; la stérilité de tous biens estoit générale : dès le commencement de la moisson, le bled s'est vendu trois écus blancs; à la St-Martin suivant, dix à onze livres, et ensuite jusqu'à la moisson de l'année 1699, il s'est vendu quatorze et quinze livres et encore plus, s'entend la quarte; la quarte de grains tramois se vendoit sept, huit livres et plus, l'avoine quatre ou cinq livres, le pot de vin de Bourgogne s'est vendu trente, trente-six et quarante sous, celui de Metz ou Theaucourt vingt-six et vingt-huit sous, et ce pendant point de diminution de tailles, quoique tous les peuples soient dans la plus extrême pauvreté qu'il se soit vue.

Il s'est fait au commencement de laditte année 1698, tant à l'église paroissiale d'Etain qu'à celle des R. P. Capucins, de très-solennels services funéraux pour le repos de l'âme de notre glorieuse et honorée souveraine la reine de Pologne, duchesse de Lorraine, épouse de ce grand et très-grand duc Charles V, père et mère de S. A. R., aujourd'hui régnant, lequel estoit sur le point d'entrer dans ses Etats de Lorraine, lorsque Dieu en a disposé autrement et par sa sainte grâce jointe avec son cher mari dans le ciel ; la pauvre Lorraine en a esté très-affligée, par le grand espoir que l'on avoit de sa bonté envers les peuples et dont on souhaitoit la présence avec passion ; c'était une dame d'une très-rare qualité et pour son esprit et pour sa personne. Elle estoit fille et sœur d'empereur, reine de Pologne et duchesse de Lorraine.

1699.

En cette année, le corps de feu Charles V, d'heureuse mémoire, fut transporté en l'église des Cordeliers de la ville de Nancy, où la pompe funèbre se fit avec un convoi magnifique, où furent deux députés de chaque ville, par ordre de S. A. R., lesquels portoient chacun un écusson des armes de leurs villes, et ne s'y en estant point trouvés pour cette ville, il plut à Saditte Altesse Royale de lui en donner en trois pots d'or en champ de gueulle ; lesquels deux envoyés de cette ville estoient M. Le Tondeur, maire en la présente année, et M. Rampont, procureur de Saditte Altesse, qui reçurent lesdittes armes pour laditte ville ; lesquelles armes ont esté rapportées pour être mises dans les archives de cette ville.

1700.

En laditte année, Mme Royale, duchesse de Lorraine, est accouchée d'une princesse.

En la même année, M. le baron de Mahuet, intendant des Etats de S. A. R., vint en cette ville avec M. de Mahuet, son frère, premier président de la Cour Souveraine de Lorraine et Barrois, et envoyé extraordinaire à la cour de France, où ils furent reçus par MM. les officiers de cette ville, qui les accompagnèrent à la visite de l'église, des places et rues et murailles de cette même ville.

L'ORIGINE

DE

BATAILLE ET CHEVALERIE.

PUBLICATION DE LA SOCIÉTÉ D'ARCHÉOLOGIE LORRAINE.

125 Exemplaires.

N°

L'ORIGINE

DE

BATAILLE ET CHEVALERIE

PAR

EMOND DU BOULLAY,

Héraut d'armes de Lorraine.

NANCY,
DE L'IMPRIMERIE DE A. LEPAGE.

1859.

L'ORIGINE

DE

BATAILLE ET CHEVALERIE.

Cet opuscule n'est pas un document historique, mais une rareté bibliographique qui nous a semblé devoir être agréable à nos lecteurs. Il a été composé par un écrivain qui, sans appartenir à notre pays par sa naissance, y joua un rôle assez important, et, à ce titre, mérite d'occuper une place dans les biographies lorraines.

On sait, en effet, qu'Emond du Boullay, après avoir été, en 1541, régent de la grande école de Metz, devint (1542) poursuivant de héraut d'armes de Lorraine et sut mériter la confiance du duc Antoine, lequel l'employa dans plusieurs missions délicates et le chargea même de consigner dans des vers le récit de son voyage à Valenciennes, pour négocier la paix entre l'Empereur et le Roi de France[1].

Du Boullay a composé, soit en vers, soit en prose, un grand nombre d'ouvrages qui attestent sa fécondité bien plus que son talent comme poëte et comme historien, mais n'en sont pas moins très-recherchés des amateurs.

Celui que nous publions, resté jusqu'à présent inédit, et que les bibliophiles semblent ne pas avoir connu, a été donné au Musée lorrain, l'année dernière, par M. Alexandre de Metz-Noblat.

Ce manuscrit, d'une très-belle écriture, est un in-4°, de 57 feuillets

---

[1]. Voir la *Notice sur Emond du Boullay* dans le *Journal de la Société d'Archéologie*, mars 1855.

en parchemin, relié en veau noir, avec filets d'or. Au plat de la couverture sont les armes de la famille de Corberon, avec cette note, écrite en 1820 :

« Armoiries de la famille de Corberon. Deux membres de cette famille ont été premiers présidents au Conseil souverain d'Alsace. M. de Bruges, conseiller au même Conseil, ayeul de M*me* de Metz, est devenu possesseur de ce manuscrit par son mariage avec l'héritière des Corberon. Ce livre faisait partie d'une riche bibliothèque, dispersée par le temps et surtout par la Révolution, et dont M. de Metz a pu recueillir quelques débris. »

Au verso du premier feuillet sont peintes les armes pleines de Lorraine ; au recto du feuillet suivant se trouve le titre de l'ouvrage.

La dédicace occupe les troisième et quatrième feuillets et une partie du cinquième ; l'auteur, s'adressant au duc Antoine, y dit qu'il a voulu, en témoignage de sa reconnaissance pour ce prince, qui l'a retenu au nombre de ses serviteurs, composer et à lui seul dédier le présent livre.

L'exemplaire de ce livre, que le Musée possède grâce à la libéralité de M. de Metz, est-il de la main de du Boullay, et celui-là même que le poëte présenta au duc de Lorraine ? Cette double supposition paraît très-admissible, car aucun bibliographe, du moins que nous sachions, n'a signalé jusqu'à ce jour l'existence de cet ouvrage.

Nous l'imprimons sans rien changer à son orthographe, nous bornant seulement à reporter au bas des pages, comme notes, des citations qui figurent, sous forme de *manchettes*, dans le manuscrit, et à supprimer quelques paraphrases tout-à-fait superflues et auxquelles il eût été difficile d'assigner une place.

H. L.

LORIGINE

DE BATAILLE ET CHEVAL-

LERIE, AUEC L'INUENTION DES COULEURS D'AR-
MOYRIE NOUUELLEMENT COMPOSÉE EN RITHME
FRANCOYSE ET DEDIÉE A TRESHAULT, TRESPUIS-
SANT, ET TRESILLUSTRE PRINCE, AN-
THOINE, PAR LA GRACE DE
DIEU, DUC DE CALA-
BRE, DE L'ORRAY-
NE, DE BAR,
ET DE
GUELDRES, ETC. PAR EMOND DU BOULLAY
SON POURSUYUANT DE HERAULT D'ARMES ET
TRESOBEISSANT SERUI-
TEUR.

A TRESHAVLT, TRESPVISSANT,

Et tresillustre prince Anthoine, Par La grace de Dieu, duc de Callabre, de L'orrayne, de Bar, et de Gueldres etc. Emond du Boullay son poursuyuant de herault d'armes
Et tresobeissant scruiteur
desire humble salut et
prosperité immor-
telle.

Pourtant que ie suis aduerty, quil a pleu a vostre royalle grace et bonté accoustumée, O tresillustre et tresuictorieux prince recepuoir et prendre en bonne part, Le petit blason de voz armes, que vous presentay l'année passee à la feste de la toussainctz en vostre ville de Bar, comme celluy qui est de plus en plus affecté, a recréer et esiouyr vostre grace, selon mon pouair, Aussi pour m'aquitter enuers icelle, de recongnoistre le grand bien et honneur qu'il vous a pleu me faire en me retenant le plus humble de voz tresobeissantz seruiteurs, J'ay bien voulu composer et à vous seul dedyer ce present liure intitulé l'origine de bataille et cheuallerie, Auec l'inuention des couleurs d'armoyrie, Auquel (comme ie presuppose) ne trouuerez aucun propos qui ne soit sorty de la profundité de bonne volunté, pour vous faire agreable seruice, Non Toutesfoys que ie vueille presumer par ce mien petit labeur, d'augmenter ou inuenter quelque nouuelle erudition a vostre immortel esprit Tant bien enrichy de toutes vertus Car ie congnoys quil ny a auiourdhuy Prince regnant sur les humains, qui (sans aulcun despriser) soit mieulx merité de l'art militaire que vous, Mais scullement les occasions deuant dictes auec deux aultres qui sensuiuent m'ont iustement incité a ce faire, Cest assauoir affin que par mon labeur ie puisse estre cause de plus en plus enhardir les nobles cueurs de la trescheualleureuse noblesse de voz tresprosperes et inuincibles pays, a acquerir et augmenter l'honneur et prouesse de cheuallerye Et a illustrer la royalle science d'armoyrie, Affin aussi que vostre grace soit informée a la verité comment naturelle Affection me contrainct iournellement de verser es bonnes lettres, pour inuenter tous les moyens quil m'est possible de donner passetemps a vous et a messieurs voz tresillustres enfans, ausquelz i'espere (Dieu aydant) en brief dedier chascun vng liure de la vocation ou le seigneur Dieu les a appellez Laquelle myenne affection O prince tresillustre Ie supplye n'estre permise labourer en vain vers vostre grace Ainsi que iusques icy ne l'auez permys Et que (aydant le seigneur) au temps aduenir ne le permettrez, Moyennant quil vous plaise de recepuoir et en gré prendre (comme auez tousiours faict) Ce mien petit labeur donné d'aussi bonne affection comme en treshumble subiection ie le vous présente, Et en esperant de tousiours myeulx faire. Ie supplye au createur du ciel et de la terre O inuincible et Serenissime prince, vous donner en santé, et longue vie tout ce que vostre royal cueur desire Et a la fin sa gloire eternelle Auec les bien heureulx en son royaulme celeste.

FIN

En esperant.

S'ensuit le catalogue des matieres
contenues en ce present liure et de-
duictes par quator-
ze chapitres :

Qve c'est de bataille.	Chap. 1.
En quel lieu fut la premiere bataille.	Chap. 2.
Des quatre grands royaulmes.	Chap. 3.
Par qui furent trouuées les couleurs d'armoyrie.	Chap. 4.
Comment les troyens et grecs appelloient les couleurs.	Chap. 5.
Blason des couleurs sur toutes choses du monde.	Ch. 6.
Comment on faict vng empereur en deux sortes.	Chap. 7.
Comment on faict vng nouueau Roy.	Chap. 8.
Comment on faict vng nouueau Duc.	Chap. 9.
Comment on faict vng nouueau comte.	Chap. 10.
Comment vng Marquis est faict.	Ch. 11.
Comment on faict vng viconte.	Chap. 12.
Comment on faict vng baron.	Cha. 13.
Comment on faict vng cheuallyer.	Cha. 14.

LORIGINE DE BATAILLE ET

cheuallerye Auec l'inuention des couleurs d'armoyrie nouuellement composé et dedié A treshault trespuissant, et tresillustre Prince, Anthoyne par la grace de Dieu Duc de Calabre de L'orraine de Bar, et de Gueldres, Par Emond du Boullay son poursuiuant de herault d'armes Et tresobeissant seruiteur.

Que c'est de bataille

Chapitre 1.

Pour diffinir bataille iustement
Entendre fault que cest apertement
Le diuin sort de la contention[1]
De deux seigneurs qui ont intention
Auoir le droict et l'estat d'une chose
Quand l'ung d'iceulx contre l'autre s'opose,

Car si l'ung veult la chose posseder
L'autre ne veult son droict luy conceder
Et par ainsi la bataille introduicte
Est de leur droict la plus seure conduicte,
Car dieu permet, Au bon droict la victoire
Et faict au tort perdre l'honneur et gloire

Parquoy est dict en langue Israelite[2]
Deus Sabaoth le dieu de l'exercite
Jettant le sort pour la iuste partye

---

1. ff, De capti., L. Hostes.
2. In cantico Ambrosii et Augustini.

Comme iadis le iecta sus Mathic[1]
Quand luy donna l'estat aposto-licque

Et si le droit diuin et cathollique
Deffend vser de combat millitaire
Pour recouurer son bien proprietaire
Le droict des gentz expressement commande
Par droict escript en faire la demande

Et si apres la disceptation
On n'en obtient la satisfaction
Le droict permect qu'on vse de bataille
En sefforcant tant d'estoc que de taille
A recouurer ce qu'on ne peult auoir
Par iustes loix et par diuin scavoir[2]
Car ce sont droictz a raison trespropices
Comme la dict Cicero aux offices.

En quel lieu fut la
premiere bataille.

Chapitre 2.

Pour accorder le discord et debat
Des disputans ou le premier combat
Fut inuenté et commencé iadis[3],

On respondra, ce fut en paradis
Quand Lucifer estant le plus bel ange
S'attribua l'honneur et la louenge

---

1. Actuum 1.
2. Cicero, Officiorum 1°, atque in Repu.
3. Genesis.

Qu'on doit donner au createur celicque

Lequel permist que nature angelicque
Se combatist pour deffendre le droict
Que Lucifer vouloit en cest endroit
A son seigneur vsurper faulcement,

Dont fut vaincu tresconfusiblement
Et trebusché, es tenebres estranges[1]
Par le combat des loyaulx et bons anges
Qui tellement contre luy combatirent
Que du hault ciel en enfer l'abatirent
Ou a iamais pour ses maulx et ses vices
Il souffrira, auecques ses complices
Comme tresbien le reduict en memoire
Le bon docteur et saige sainct Gregoire[2],

Dont fault notter que depuis ceste guerre
Il n'a cesse de pourchasser en terre[3]
Tous les moyens la saison et le lieu
Pour se venger des anges et de Dieu,

Quil soit ainsi se voyant perdre force
Il s'aduisa susciter le diuorce
Du genre humain, contre le createur
Quand abusant par langaige flateur
Feit conspirer deux pauures creatures
Contre le dieu de toutes les natures[4] :
En estimant que par telle vengeance
Il recepuroit de son mal allegeance,

---

1. Apoca. 9.
2. De. pe. di. et C., principium.
3. Augustinus. Humanum peccare, diabolicum perseuerare.
4. Genesis.

Mais non content de telle inuention
Il s'efforça mettre discention
Par son faulx art et scauoir de vipere
Entre les fils de nostre premier pere
Lors que Chayn plain de noyse et debat
Occist Abel en allant a l'esbat[1],

Et congnoissant q'uil auoit iouissance
Sus les humains, il dressa sa puissance
Plus grandement que iamais n'auoit faict
Contre le dieu Tout puissant et parfaict,

Car il feit tant par sa maligne estude
Qu'il subiugua et mist en seruitude
Nature humaine en dressant tel discord
Que les geans voulurent d'ung accord
Assaillir dieu, et derompre son throsne
Par la grant tour dressée en babillone
Dont fut contrainct l'immortel et hault iuge
Les ruyner par les eaues du deluge[2]

Le nonobstant durant la loy escripte
De plus en plus fut la guerre prescripte,
Car Lucifer, se voyant dechasser
D'ung si grant bien ne cessa pourchasser
Le detriment de l'humaine nature
Que dieu auoit formée à sa figure

Car il feit tant que par le roy Pharon
Fut faicte guerre à Moyse et Aron
Si rudement qu'en sa subiection

---

1. Genesis.
2. Genesis.

Reduicte fut la forte nation
Des ebrieux qui tant aymerent Dieu

   Bref de narrer et escripre en ce lieu
Les grands assaulx batailles et alarmes
Les fortz combatz, et merueilleux faictz d'armes[1]
Que suscita Lucifer meschamment
Entre les roys du premier testament
Je seroys trop ennuyeulx en cest œuvre,

   Comme tresbien le demonstre et decouvre
Le fort combat du grand roy Josyas
De Josué et de Mathatias,
Lequel fut tant aux Philistins marry
Quand destruysit leur grand ydolle Arry,

   Et comme appert par le roy Salomon
Saul, Dauid et son filz Absalon
Le roy Achab, aussi Jheroboam
Assuerus Syrus et Roboam,

   Au temps desquelz fut la terre tant plaine
De grand discort et bataille inhumaine[2]
Qu'a mon esprit il est presque impossible
Narrer icy ce qu'en d'escript la bible
Dont me suffit et puis qu'il plaist a dieu
M'auoir aydé a demonstrer le lieu
Ou fut iadis la bataille premiere

Semblablement la façon et maniere
Comment discord toute guerre et debat
Sont descenduz de ce premier combat.

1. Regum.
2. Regum.

Que Lucifer auecques ses semblables
Dressa iadis es haulx cieulx admirables,

Des quatre grandz
royaulmes et origine
de cheuallerye.

Chapitre 3.

Depuis Adam iusques a Jesuchrist
Sainct Augustin et Orose ont escript
Cinq mille cent dix et neuf ans en somme,
Mais nonobstant quilz parlent de maint homme
Et potentat, ayant eu grand credit
Si n'ont ilz point d'aulcun, l'honneur predict.
Qui excedast celluy des quatre royaulmes

Et (comme croy) Si on list tous les pseaulmes
La bible aussi et toutes les cronicques
On ne verra choses plus magnificques
Que fut l'estat des quatre seigneuries
D'ont ont sorty grandes cheualleries
Par les haulx cueurs illustrez de prouesse
Pour augmenter l'honneur de la noblesse,

Quil soit ainsi premier seigneuriant
Fut Babillone au climat d'Orient
Et commença a regner seul monarche
Lors que regnoit Abraham Patriarche[1]

Et triumpha en son puissant arroy
Jusques a tant que Cyrus le grand roy
Au temps d'Esdras le tresuaillant prophette

---

1. Josephus, de Bello Judaïco.

La conquesta, et la rendit deffaicte[1]
De son pouoir son honneur et renom
Ne luy laissant seulement que le nom.

    Ce qui ne fut sans rompre mainte lance
Par cheualliers tant remplys de vaillance
Qu'apres auoir en quarente ruysseaulx
Faict d'Euphrates diuiser toutes eaux
Les puissantz murs de mettal bien construictz
Furent par eulx ruynez et destruictz
Semblablement toutes les maisons fortes
Ruerent ius auecques les cent portes,

    Voyla comment ceste cheuallerye
Du roy Cyrus acquist la seigneurie
Du plus puissant et plus fort potentat
Qui puis ce temps ayt esté en estat,

    Quant au second potentat et empire
Il commença par les haulx roys de Tyre
Soubz marcedon (au temps du duc, Cella),
Lequel grand roy en ses iours ne cela
Son hault scauoir et vertueux couraige

    Car vers mydy il esleva Cartaige[2]
En si grant bruyt d'honneur et de prouesse
Quil conquesta du monde la haultesse
Au mesme temps que les iuges regnerent
En Israel, et Juda gouuernerent,

    Le potentat de la noble Cartaige
Tint les humains rudement en seruaige

---

1. Oros.
2. Suetonius.

Non sans auoir batailles bien diverses
Aux fortz Thebains aux Medes et aux Perses

Et si feit tant par sa cheuallerye
Que du monde eut toute la seigneurye
Depuis le temps de la grant babillone
Jusques a tant que regna Macedoyne
Ce qui ne fut sans les centz et milliers
De nobles cueurs et vaillans cheualliers,
Qui leur renom tant fort multiplierent
En ce temps la qu'au monde delaisserent
De leurs haulx faictz, et royalles victoires
Pour successeurs perdurables memoires,

Comme on le voit par la ferocité
D'ont ilz vsoyent contre la grant cité
Des fortz rommains, au temps que Hanibal[1]
L'expert mago, et vaillant Hasdrubal
Furent trausmis par Sicille et Espaigne
Pour ruyner de Naples la Champaigne
Romme la Grande et toute Lombardye,

Et l'eussent faict si la maison hardye
Des Scipions ne les eust combattuz :
En quoy appert la fleur de leurs vertuz,
Veu que iacoyt quilz n'eussent plus de terre
Si faisoient ilz iournellement la guerre[2]
Jusques a tant que vers iceulx allerent
Consulz rommains qui Cartaige brullerent,

Le tiers royaulme et empire du monde
Qui gouuerna ceste machine ronde

1. Titus Livius.
2. Lucanus.

Se voulut, par Septentrion estendre
Et commenca soubz le grand Alexandre
Lors que Judas Machabeus viuoit

Ce puissant roy nuit et iour poursuiuoit
De si trespres sa fortune prospere
Qu'il fut nommé l'augmentateur et pere
De Macedoyne en laquelle il fut nay
Car tout son temps il fut abandonné
A l'eriger et en faire vng empire

Ce qu'en faisant ne luy aduint du pire
Car tant prisa noble cheuallerie
Quil conquesta du monde seigneurie[1]
Regnant troys iours par sus tous les humains :
Lempire quart commencea aux Rommains

Et se leva comme il est évident
Au premier point du climat d'Occident[2]
Et si regna depuis cest Alexandre
Jusques à tant que Dieu nous feit descendre
Son filz Jesus pour racheter Nature

Ce potentat fut en littérature
Plus renommé que les troys deuant dicts
Car Romulus dont Rommains furent dictz
Fut fort expert au scavoir des sept artz

Aussi estoient les illustres Cesartz,
Les Scipions, les Tulles et cathons[3]
Qui tant scauoient de vertueux dictons

1. Oros.
2. Augustinus.
3. Sallustius,

Qu'on les craignoit pour leur scauoir plusfort
Qu'on ne doubtoit leur millitaire effort,

Et non sans cause ou raison suffisante
Car ilz estoient de maison reluysante
Jadis venuz, Ayans la destinée
Du trespuissant et noble prince Enée[1]
Lequel fut l'ung des premiers grands seigneurs
Dont les Rommains apprindrent tant d'honneurs
Par quoy voyez, O prince insuperable !
Ces potentats par droict incomparable
Auoir este principalle origine
Le fondement et premiere racine
Des cheualliers qui iadis triumpherent
Et par vertu a bon droict meriterent
Porter couleurs et nobles armoyries
Pour distinguer leurs haultes seigneuries,

Car nonobstant que des la loy escripte
Il y ayt eu cheualliers a leslite
Si n'auoient ilz encores la maniere
Pour armoyer ne guydon n'y baniere
N'y pour orner de metaulx et couleurs
Les beaux escutz des plus vaillantz seigneurs
Comme l'ont eu en leurs targes et heaulmes
Les cheualliers de ces quatre grands royaulmes
Ce que prouuer ie pretends briefuement
Par les raisons que diray promptement
En deduisant le subsequent chapitre
Que des couleurs ie vous ay voulu tiltre.

1. Virgilius, Eneid.
    Tante molis erat romanam condere gentem.

Par qui furent premierement
trouuées les couleurs et armoyries des princes
et grandz seigneurs.

Chapitre 4.

Apres auoir les royaulmes desduictz
Dont cheualliers furent iadis produictz
Il ma semblé faire chose louable
Et a mon art grandement conuenable
De declarer dont vindrent les couleurs
Et les blasons des princes et seigneurs

Premierement Pollidore a escript
Que par Gygés homme de grand esprit
Fut aux Indoys apprinse pourtraicture
Et le noble art des couleurs de paincture[1]

Aultres plusieurs trouuerent le surplus
Comme Pyrrus cousin de Dedallus
Lequel auoit (comme Aristote dict[2])
Entre les Grecz vng merueilleux credit,

Polignotus homme de grant maintien
Et Cleophant vng docteur corinthien
Furent expertz en la cheuallerye
Et tresscauans es couleurs d'armoyrie[3]

Desquelz estoyent en leur temps aprentis
A Glaophon Calcidence et Pithis

---

1. Pollidorus, libro 2 capite 24.
2. Aristo., in Top.
3. Vitruvius, de Architectura.

Sicionye aussi Thymagoras
Lors que regnoit le bon Pitagoras,
Et Glicera des painctres tresaymée
Fcit des couleurs la premiere mellée
Quelle inuenta quand faisoit vng chappeau
De toutes fleurs en gardant son tropeau[1],

Apres ceulx cy en ceste discipline
Furent scauans (comme le descript pline)
Les Lidiens, car par leur fantasie
Attallus roy d'Ethyoppe et d'Asie
Feit tapisser en triumphans honneurs[2]
Tous ses chasteaux de diuerses couleurs.

Consequemment en Darés de Phrigie
Il est escript, que la noble effigie
Par Troillus à Pallas consacrée
Fut de couleurs diuersement parée :

Pour denotter par chascune couleur
Le grand pouoir le secours et faueur
Dont elle usoyt enuers le sang troyen[3]
Duquel sont naiz par tresiuste moyen
Tous les Francois tant celtes que germains
Les bons Lorrains espaignols et rommains
Comme tresbien l'accordent tous docteurs,

Et par ce point disent les orateurs
Auec Darés ce docte personnaige
Que des troyens le florissant lignaige
Fut le premier qui pour sa seigneurie
Feit des couleurs blasonner armoyrie,

1. Ovidius.
2. Plinius.
3. Dares, regnante Priamo, Troie florebat.

Comme il appert par Paris et Hector
Deiphœbus Eneas Anthenor
Le roy Pryam et ses nobles parens
Qui pour leurs faictz monstrer plus aparens
Portoyent escutz diuersement pourtraictz :

Ce que les roys qui d'iceulx sont extraictz
Ont obserué pour monstrer leur prouesse
Et fondement de royalle noblesse,
En ensuyvant Troillus par nature
Qui de Pallas feit faire pourtraicture :
Ung autre aucteur nommé Dictys de Crette
Grant orateur et tresexpert poette[1]

Nous a escript que les Grecz tresuaillans
Furent iadis les fecunds trauaillans
Pour illustrer les armes et couleurs
Des princes roys cheualliers et seigneurs

Car pour monstrer les vertus de fortune
Propice a l'ung, et a l'autre importune
Ilz erigeoyent aux temples sa figure
Et la paindoyent de diuerse paincture[2],
Representans par la diuersité
De ses couleurs, faueur, aduersité
Ainsi quelle est en tout temps variable :

Dont fut instruictz l'estat insuperable
Des puissants Grecz a porter armoyrie,
Comme on le voit par la cheuallerie
D'Agamenon et vaillant Ulixes
Menelaus Pirrus et Achilles

---

1. Dictis Cretensis qui, regnante Menelao, floruit inter Grecos.
2. Beroaldus Cald.

Et par Pollux Theseüs et Castor
Grands ennemys de Paris et d'Hector[1],

 Lesquelz portoyent leurs armes et blasons
Pour denotter l'honneur de leurs maisons
Et la vertu de noblesse Gregeoyse
Ce qu'ont retins la nation angloyse
Les Escossoys et hardis Hybernoys
Suediens les Saxons et Dannoys,

 Lesquelz ont prins leur premiere origine
Des puissantz Grecz qui feirent la ruyne
Du sang troyen vainquans vng million
Des cheualliers et princes d'Illion,

 Le tiers seigneur des blasons inuenteur
Fut Alexandre le vaillant conquesteur,

 Car estant — filz (selon cornucopie)
Du dieu Hamon, et la royne Olympie
Ou de Phelippe le roy de Macedoyne
Comme on le voyt en l'histoyre payenne
Il ayma tant des armes les couleurs
Quil commanda a tous ses grandz seigneurs
Porter escutz differentz en painctures
Pour memorer les grandes aduentures
Les fortz assaulx et combatz furieux
Dont retournoyent tousiours victorieux.

 Julles Cesar (comme est aux commentayres)
Est dict le quart, qui les loyx Millitaires
Et les couleurs pour blasonner les armes
Permist porter a ses ducz et gents d'armes

---

1. Homerus.

Car se fut luy qui les aygles rommaines
Porta premier en regions lointaines,
Et qui voulut guidons et estendars
Des legions cheualliers et souldars
Estre armoyez, chascun de la couleur
Que portoit lors son consul ou seigneur,

Aultres docteurs comme Gaguin de France[1]
Nous ont escript, que Dieu par sa puissance
Voulut iadis les couleurs d'armoyrie,
Donner du ciel pour la royalle hoyrie
Des roys gaulloys, et comme il m'est aduis
Ce fut au temps que le grant roy Clouis
Pour troys crapaulx troys fleurs de lys receut
Aux mesmes iours qu'en France on aperceut
La saincte ampole et diuin auriflamme
Tumber du ciel en espece de flamme,
Pour honorer ce roy de dieu amy
Regnant au temps que regnoit sainct Remy

En quoy appert O prince trespuissant !
Que le hault dieu dont tout bien est Issant
Est principal de tous les inuenteurs
Qui ont mis sus les armes et couleurs

Car puis qu'il a approuué l'armoyrie
Pour illustrer toute cheuallerie
Lors que Clouis receut la foy chrestienne
Il sensuit bien qu'au temps de loy payenne[2]
Ceulx qui portoient leurs armes en paincture
Faisoyent de dieu la volunte trespure :

1. Guaguinius, in Histo. Gallie.
2. Paulus.

Veu qu'il a faict les royaulx potentatz
Et distingué luymesme les estatz[1]
En leur donnant polliticque puissance
Dont en ce monde Ilz ont la iouyssance

Veu de rechef que luymesmes porte armes
Par sus les roys cheualliers et gens d'armes
Car c'est d'azur semé destoilles d'or
Pour blasonner l'incredible thresor
Le grant honneur le pouuoir et vertu
Dont en son ciel est sus tous reuestu.

Comment les Troyens et les Grecz appelloyent iadis les couleurs.

Chapitre 5.

Au temps iadis que Troyens domynoient
Et que les Grecz tant puissamment regnoyent
Il y auoit deux metaulx colorez
Dont leurs escuz estoient fort honorez,

Car les Troyens sus tous cheualleureux
Appelloyent l'or Emriagi l'eureux
Gueulles estoit en leur langue Truty
Le pourpre aussi appelloyent Pesety

Quant a l'argent Senato le nommerent
Et Detrady pour l'azur estimerent
Sinople apres Estera fut nommé
Et Parségi, pour sable renommé

---

1. Roma, 12. Qui resistit potestati, resistit Deo.

Dont fault notter que Troyens par raisons
De ses couleurs diuisoyent leurs blasons
Pour chacun iour et nuict de la sepmaine

Car si combat ou bataille inhumaine
Vouloient donner (à quelcun d'auenture)
Ilz portoient lors vng escu de paincture[1]
Et de couleur a ce iour conuenable :

Leurs roys aussi par pompe inestimable
Portoient habis de la couleur du iour
Auquel viuoyent fust en guerre ou séiour,
Et par ainsi leurs couleurs blasonnoyent
Sus les sept iours qui la sepmaine ornoyent :

Et quant aux Grecz, ilz tenoient l'or plus digne
Quilz appelloient vulgayrement Citrine,
Quand a l'argent, tresclair et precieux
Assime estoit son nom delicieux,

Gueulles apres pour sa couleur vermeille
Coccine estoit en vertu nompareille,
Quand a l'azur, Veneto le nommerent
Et le sinople Praccine ilz appellerent :

Le sable aussi en vertuz renommé
Estoit Mauro en leur langue nommé
Et de ses six ilz en feirent vne aultre
Participant tant d'une comme d'aultre,
Et la nommoient pour vng nom le plus propre
Dyarguero, que nous appellons pourpre :

Et par ainsi les premiers grans seigneurs

---

1. Homerus, in Illia.

De deux metaulx auecques cinq couleurs
Feirent iadis composer larmoyrie,
Pour illustrer leur haulte seigneurie :

Ce qu'empereurs roys et princes viuants
Sont auiourdhuy royallement suyuants
Car puys ce temps n'ont adiousté aux armes
(Pour memorer batailles et alarmes)

Sinon deux pennes qui de vair et d'hermine
Sont adioustées, pour monstrer l'origine
D'aulcuns grandz ducz qui par cheuallerie
Ont merité porter telle armoyrie
Comme on le voyt par la maison haultaine
Des puissantz ducz et seigneurs de Bretaigne

Blason des metaulx et couleurs.

Chapitre 6.

L'or.

Pour blasonner des metaulx le plus digne
Et plus prochain de la vertu diuine
Il est certain que c'est l'or trespropice
Pour demonstrer la noblesse et iustice
De la maison de tout prince et seigneur
Qui en blason porte ceste couleur :

Et pour prouuer que noblesse demonstre
Le clair soleil nous en faict assez monstre
Pour ce qu'estant la plus noble planette
Il a de l'or la couleur pure et nette,

Quand a monstrer quil denotte iustice
Et des estatz la royalle pollice
Il appert bien aux armes reluysantes
Des plus grandz roys et maisons trespuissantes
Qui ont escuz bien semez de lys d'or
En champ d'azur pour monstrer le tresor
Des grandz vertuz que Dieu voulut estendre
Aux cueurs des roys quand il les feist descendre
De son hault ciel pour Clouis le grant roy
Jadis prenant de Jesuchrist la foy :

Dont descendu, vous estes iustement
Comme on le voit assez apertement
En exposant le blason tresutile
De vos escuz d'Aniou et de Sicille.

L'or en apres (comme Pline l'enseigne)
Guerist les playes d'intestine non saine
Et par ainsi qui vouldra l'or porter
Doit ses subiectz iustement supporter
En guarissant les poures langoureux
Par ce monstrer aux mauvais rigoureux
L'or est aussi de tant noble nature
Que tousiours luyst sans roil et pouriture

Representant que si vng roy ou prince
Est iusticier en sa terre et prouince
Il reluyra comme l'or pur et munde
Sus les subiectz de ce terrestre monde :

L'or est souvent en fournaise battu
Sans se bruller ou perdre sa vertu
Monstrant qu'un roy doit estre magnanime
Quant a grant tort quelque prince l'anime

L'or enhardist, comme assez nous l'ateste

La toyson d'or, dont Jason feit conqueste :
On voit aussi (si la bible ou contemple)
Que Salomon pour anoblir son temple
Le feit dorer du plus clair et pur or
Quil peust trouuer en son royal tresor :

On trouve aussi en la saincte escripture
Que de pur or Jesus portoit ceincture
Signifiant que leglise honorée
(Dont est espoux) auroit robbe dorée[1]
Comme l'habit plus noble et equitable
Pour honorer son espouse amyable,
D'aultres vertus diroys de l'or trescher
Si ce n'estoit que ie crains vous fascher.

Argent.

Apres cest or le blason de l'argent
Sus les couleurs est trouué le plus gent
Car les vertus dont il faict demonstrance
Sont pureté, la foy, et innocense,
Signifiant que le prince ou seigneur
Qui de l'argent portera la couleur
Doit estre pur innocent et fidelle
Et destructeur de la secte infidelle :

Quil soit ainsi pour pureté desduyre
On feit d'argent dedans Romme construyre
De Pharnacés et de Cesar Auguste
Les deux statues pourtant que pure et iuste
Auoit esté leur manière de viure :

1. Psal. Astitit regina a dextris suis in vestitu de aurato.

Et pour vertu d'innocence poursuyure
Il fault noter que iadis les Rommains
Portoyent aneaux (faictz dargent) en leurs mains

Et si auoyent la garde de lespée
De pur argent noblement equippée
Pour demonstrer leur entiere innocence :

Et de cecy feyrent magnifficence
Sus tous Rommains Fuscus Valerius
Mitridates aussi Laberius
Comme estimans faire plaisir aux dieux
Si d'innocence ilz estoient studieux,

Ce que Dauid le bon roy tant notable
Entendit bien quand promist habitable
Tout innocent, en la haulte maison
Du roy des roys monarche de raison[1]

Et pour prouver quil denotte la foy
Il est certain quil est de pur alloy
Sus tous metaulx clairement reluisant
Par sa vertu les princes induysant
A esclarcir la foy de Jesuchrist :

Et si on list ce que Moyse escript
Du tabernacle et diuin Sainctuayre,
On trouuera que dieu luy manda faire
Tout le portail ou le voille pendoit
De pur argent, en quoy il entendoit[2]

Que si voulons de Paradis l'entrée

---

[1] Psal. Quis habitat in domo Domini innocens, etc.
[2] Exod. 38.

Il fault auoir nostre porte acoustrée
De pur argent cest a dire de foy
Sans laquelle est imparfaicte la loy.
On voyt aussi comment le sang de Dieu
Est en argent consacré en maint lieu :

Gueulles.

Appres auoir demonstré par raison
Des deux metaulx le misticque blason
Desduyre fault de Gueulles la nature
Par laquelle est selon toute escripture
Representé le blason de haultesse
De charité, aussi de hardyesse :

Quil soit ainsi pour haultesse prouuer
Les anciens ne vouloyent approuuer
Que l'on portast Gueulles en armoyrie
Si on n'auoit royalle seigneurie,

Ce que prouuer ilz vouloyent estre admys
Par l'auriflamme aux Roys gaulloys transmis

Lequel estoit par diuine merueille
De la couleur de gueulles la vermeille,

Quand a prouuer que Gueulles represente
De charité la vertu refulgente
Isaye a en son livre descript[1]
Que quand iadis le saulueur Jesuchrist
Voulut monter en son ciel admirable
Il print l'habit de Gueulles charitable

---

1. Isay, 67.

Signifiant par Gueulles precieuse
Auoir saulué nature vicieuse,

 Les cardinaulx ont ce point maintenu
Car leur habit on voyt entretenu
Par la couleur de Gueulles la vermeille
Representant charité nompareille
Reluyre en eulx pour la foy secourir
Et conuint ilz pour icelle mourir,

 Leglise aussi de Gueulles se repare
Quand les martyrs celebrer se prepare
Consequemment elle accroist hardiesse
Aux cheualliers, et suppostz de noblesse
Leur demonstrant (quant ce vient aux effortz)
Que pour leur sang doiuent estre plus fortz,

 On voit aussi que les gens de iustice
En sont vestuz, affin que la pollice
Des troys estatz puissent myeulx maintenir
Voulans les bons hardyement soustenir
Et aux mauuais faire rigueur si ample
Quilz soyent a tous myrouer et exemple.

Azur.

Pour de l'azur denotter la beauté
Entendre fault quil monstre loyaulté
Et la vertu de diuine esperance :

 Ce que prouuer ie puis en asseurance
Par celluy champ que Dieu voulut donner
Aux roys gaullois pour mettre et ordonner
Les fleurs de lys que du ciel enuoya

Car puis que Dieu les lys d'or armoya
En chant d'azur pour le royal maintien
Du roy Clouis, (quand il se feit chrestien)
Il sensuit bien que d'azur la beauté
Tyent pour blason en la foy loyaulté :
Veu de rechef que Dieu par grant thresor
Porte d'Azur semé d'estoilles d'or :

L'azur aussi a du ciel la couleur
Monstrant l'espoir de tout prince et seigneur
Car la est dieu de tous humains le pere
Au nom duquel tout support on espere :

Dont est licite à toute seigneurie
Qui de L'azur portera l'armoyrie
Enuers son dieu maintenir loyaulté
Et quen laissant peruerse cruaulté
Elle ayt espoir en ce prince et seigneur
Regnant au ciel dont lazur a couleur[1].

Sable.

Le sable noir demonstre la tristesse
Que peult auoir l'estat de la noblesse
Quand luy suruient douleur ou infortune
Ou que la mort qui tout homme importune
Prent vng amy vng seigneur ou parent :

Ce que l'on voit en tout temps apparent
Par les amys, de quelque gros lignaige
Qui pour le dueil d'aulcun gros personnaige
Sont reuestuz, de la couleur de Sable
Pour myeulx monstrer leur regret lamentable,

---

1. Psal. Bonum est sperare in Dominoque sperare, etc.

On voit aussi en plusieurs regions
De sainct Benoist : grandes religions.
Esquelles sont nobles seigneurs et dames
Pour myeulx pencer au salut de leurs ames

Lesquelz sont tous de noirs habits vestus
Signiffians quilz se sont deuestus
D'honneur mondain et richesse feconde
Comme ceulx la qui sont mortz en ce monde
On scait aussi que puis mille ans passez
L'eglise en faict seruice aux trespassez.

SINOPLE.

Le Sinople est en armes et paincture
Une couleur de tresuerde taincture
Par laquelle est a toute gentillesse
Donné soulas et parfaicte lyesse

Quil soit ainsi la deesse Cybelle
Pour se monstrer tresgratieuse et belle
Par chascun an porte ceste couleur
Quand elle scayt, que Phœbus son seigneur
Veult son giron vng peu calliffiée
Pour biens mondains faire fructifier[1]

Et les oyseaulx sont plus promptz en leurs chants
Quand verdoyer congnoissent prez et champs
A tout le moins le ioly papegay
Ne saluroit en langaige tant gay
Vng prince, vng roy, cheuallier, ou seigneur,
S'il ne portoit de Sinople couleur.

1. Ovid. in Meth.

En quoy instruict l'estat de gentillesse
Qui Sinople a, passer temps en lyesse
Car tristesse est pusilanimité
Et de soulas vient magnanimité.

POURPRE.

Des six couleurs on en compose vng aultre
Qui a vertus autant d'une que d'aultre
Et la dict on en nostre langue pourpre

Ceste couleur a richesse est bien propre
Car tout ainsi quelle obtient portion
Des six couleurs cest son intention
Que les seigneurs qui en armes la portent
En tous leurs faictz tellement se comportent
Quilz soyent iugez egallement vestuz
En leur viuant de toutes les vertus :

Ce que prouuer ie puis par Jesuchrist
Lequel estant comme on voit par escript
Egallement puissant et vertueux
Eut vng habit de pourpre sumptueux
Que les docteurs d'ung accord tresutille
Ont appellé la robbe inconsutille :

Semblablement les premiers empereurs
Les premiers roys et vaillans conquereurs
Souloyent vestir en siege imperial
Ou quand faisoyent vng triumphe royal
Ceste couleur pourtant qu'en soy contyent :
Ce que lestat des aultres couleurs tyent :

Et le premier qui entre tous humains

De pourpre usa, fut vng roy des Rommains
Qui Tullius Hostille fut nommé

En son viuant si treffort renommé
Quil remist sus de Numa Pompillie
La forte guerre en ce temps abollye.

Bref Pline[1] a dict que pour l'art de paincture
Ny a couleur de plus noble nature
Que le pourpre est, ne qui ayt tel effect,
Pour ce quil est de six couleurs parfaict,
Et pourtant fault que tout prince et seigneur
Qui de pourpre a en ses armes couleur
Puisse tousiours durant quil porra viure
Egallement toutes vertus poursuyure.

Blason general des sept couleurs
Sus le pierres precieuses.

Pour blasonner les couleurs d'armoyrie
En general sus toute pierrerie
Il fault scauoir que l'or delicieux
De Topaze est le blason precieux

Et comme ay peu d'aulcuns docteurs apprendre
On le peult bien pour l'escarboucle prendre
On peult aussi concorder que largent
De la perle a le naturel tresgent

Gueulles apres par vermeille taincture
Du beau rubis demonstre la nature

---

1. Plinius, libro 35, capite 6.

L'azur aussi par sa couleur celicque
Ou pers saphir le vray blason explicque

   Consequemment par le sable on peult veoir
A ce que peult le diamant pourueoir
Sinople aussi nous denotte sans fraulde
Le vray blason de la verde emeraulde
Finablement le pourpre represente
De plusieurs pierres la vertu reluysante
Pourtant qu'en soy a compris la nature
Des six couleurs dont on faict pourtraicture.

———

Blason des couleurs sus
les sept vertus, Troys
theologalles et
quatre cardinalles.

Or est la foy, et argent, l'esperance
De charité Gueulles est l'asseurance
L'azur apres se prent bien pour iustice.
Et le sinople a de force l'office
Le sable aussi nous denotte prudence
Et le pourpre a, la vertu d'attrenpence.

———

Blason des couleurs sus
les sept planettes et
sept iours de la
sepmaine.

L'or est monstrant le soleil plain d'honneur
Dimenche aussi tressainct iour du seigneur,

Le pur argent la lune signifye
Et pour son iour au lundy se confye
Appres lequel Gueulles tyent en seiour,
Mars pour planette, et mardy pour son iour
Semblablement le pourpre prent la cure :
De recepuoir mercredy et Mercure

L'azur aussi ne se veult despiter
De ieudý prendre auecques Juppiter
Et le Sinople a tins pour bien venuz
Le vendredy auecques sa Venus
Finablement le sable se siouist
Quand de Saturne et samedy iouist.

Blason des sept couleurs sus les sept aages de l'homme :

Depuis vng an l'argent faict demonstrance
Jusques a sept, que l'on appelle enfance :
Et depuis sept, a quinze ans tous parfaictz
Puerice a, par l'azur ses beaux faictz,

Depuis quinze ans l'or demonstre en escence
Qu'a vingt et cinq fine l'adolescence,
Sinople apres trente et cinq ans finez
De ieunesse a les plaisirs terminez

De trente cinq iusques apres cinquante
Virilité est par Gueulles regnante

Le pourpre aussi apres soixante et dix
De viellesse a les doloreux edictz

Finablement l'homme decrepité
Par le Sable est au temps de mort cité.

Blason sus les quatre complexions de l'homme.

Gueulles pour vray le sanguin représente
L'azur aussi monstre le colerique
Et de l'argent la couleur tresdecente
Soustient lestat de l'homme flematicque

Et le Sable est pour le melencolicque
Bien blasonné comme dict sa nature
Et par ainsi on congnoist la praticque
Comme en tout cas prouficte la paincture.

Blason des couleurs sus les quatre saisons de L'an.

Sinople est dict par tresiuste raison
Du verd printemps la ioyeuse saison
Et Gueulles est pour son honnesteté
Expressement demonstrante l'esté

Consequemment l'Asur est conuenable
Pour la saison d'autumne tant muable
Et quand au Sable on ne peult estriuer
Quil ne soit propre au rude temps d'hyver.

Blason des couleurs
sus les quatre clemens.

Des clemens (le feu) plus precieux
Gueulles a prins pour blason gratieux
Et l'air qui a nature plus subtille
A prins d'Azur la vertu tresutille
Et quant a l'eau qui la terre enuironne
Elle a d'argent vertueuse couronne
Finablement ne reste que le sable
Que la terre a pour le plus conuenable
Car tout ainsi que la terre pesante
Est le plus loing de la clarté luysante
Le Sable aussi denottant la tristesse
Resiouyst moins des princes la haultesse.

Comment on peult faire
vng empereur en deux
sortes. Chapi-
tre. 7.

Si on veult veoir par la perscription
Des loix et droictz comment l'election
D'ung empereur, doibt sortir son effect
On trouuera quen deux sortes se faict

La premiere est quand sans noyse et discord
Sept electeurs elisent d'ung accord

Le prince ou roy quilz scavent le plus digne
Pour ministrer dignité tant insigne

Les electeurs de tant haulte besongne

Sont les prelatz de Creues et Coulongne
Et de Maience, ayans par droict exquis :
Auecques eulx, troys ducz et vng marquis

C'est a scauoir des Asz, Saxe et Bauyiere
Les troys fortz ducz, en bois terre riuiere
Aussi puissantz par villes et par bourg,
Quest leur consort marquis de Brandebourg,

Lesquelz ayans conciu l'election
Doyuent aller par grand deuotion
Tout droict a Aix, la ville d'Allemaigne
Où fut iadis enterré Charlemaigne
Et en ce lieu de premiere couronne
Par troys prelatz son chef on environne

Au partir d'Aix en Arles sen alloit
Le temps passé, et la on luy bailloyt
En grand honneur la couronne seconde
Pour imperer aux potentatz du monde,

Lors compaigné, il estoit en sa voye
Par les haulx ducz de Bourgongne et Sauoye
Semblablement par le noble daulphin
Qui conduysoyt le tout a bonne fin
Mais maintenant sans qu'iceulx soyent semonds
Au partir d'Aix il va dela les montz
Droict a Millan la ville tant courtoyse
Qu'il la prent au temple sainct Ambroyse,

De Millan va (sil a le temps prospere)
Tout droict a Romme ou ce iour le sainct pere
Doibt celebrer au grant temple la messe,
Et luy faisant confermer la promesse
Quil ne fera a l'eglise du pire

Il le recoit monarche de l'empire
Luy apposant en la main pomme ronde
Et sus le chef la couronne du monde,

   Cela parfaict va rendre grace a Dieu
Dedans sainct Jehan de Latran auquel lieu
Recoit la foy de ses vassaulx humains
Et est créé, le vray roy des Rommains.

   Lautre maniere est quand vng roy s'efforce
Estre empereur par belliqueuse force
Et lors il doibt en ses forces humaines
Aux lieux susdictz attendre sept sepmaines
Ses ennemys princes ou aultres roys
Qui luy vouldroient faire maux et desroys.

   A donc sil peult acquerir la victoire
Des ennemys en chascun territoyre
Il sera dict sans querelle ou diuorce
Le vray Cesar et empereur par force
Ainsi que fut sus la nature humaine
Le trespuissant empereur Charlemaigne :

   Cestuy moyen est le plus honnorable
Mais peut le font car fortune muable
Aultresfois plusieurs roys demontez
Les delaissant en tel cas eshontez.

Comment se faict vng
roy En vng nouueau
royaulme chap. 8.

Quand Dieu permect quelque prince s'induire

Pour son pays en royaulme reduyre
Et eriger selon le droict et loy
Son heritaige eu puissance de roy

   Il doibt auoir sans reprinses daultruy
Quatre duchez possessoirs a luy,
Quatre citez l'une et l'autre duché
Doibt contenir et vng arceuesché

   Consequemment chascun des archeuesques
Doibt ministrer soubz sa main dix euesques
Que l'on souloit appeller dix prouinces

   Qu'il soit ainsi tous les anciens princes
Lesquelz iadis s'erigerent en roys
Furent vsans en leur temps de ses loix
Et quant auoyent telles conditions
Ilz demandoyent leurs coronations
A lempereur qui vers iceulx venoit
Ou eulx vers luy, et lors les couronnoit,

   Dont fault notter que quant tel cas on fait
Pour mesme droict souuent on le deffait
Cest assauoir quant vng tresgrant partaige
Des heritiers separe l'heritaige

   Lors ce qui fut en royaulme permis
Souuentesfoys est en duché remys
Comme il appert par les royaulx atours
Qu'eut Orleans, Bourges, Soyssons, et Tours,
Lors que les roys leurs sieges y poserent
Lesquelz apres (pour tel cas) deposerent
Au mesme temps que par guerre et souffrance
Soysons perdit la couronne de France.

La maniere de faire
vng nouueau duc..
Chapitre 9.

Apres le roy pour entendre le compte
Comment on faict vng nouueau duc d'ung conte :
Il fault qu'il ayt par coustumes legalles
Quatre contez pour terres principalles

Quil ayt aussi subiectes ou vnyes
A ces comptez quatre aultres baronnyes
Et cela faict par tous les enuirons
Doibt assembler ducz contes et barons
Pour le conduyre en triumphant arroy
Vers lempereur vers le prince ou le roy
Quil congnoistra estre son souuerain
Et deuant tous par le droit suserain
De son chapeau la teste il enuironne
Au nouueau duc pour seruir de couronne
Et cela faict, pour la solemnité
Il doit dresser en la grande cité
De son pays vng festin et tournoy
Comme l'on faict quand on couronne vng roy.

La manière de faire
vng nouueau conte.
Chapitre 10.

Quand vng seigneur pretend destre faict conte
Il doit premier regarder a son compte,
Si a bon droit il a le tiltre et nom
Pour quatrefoys estre appellé baron

Encores plus si soubz vng mesme duc
Vng empereur, vng roy ou archeduc
Il peult prouuer les quatre baronnyes
Estre en ses mains conionctes et vnyes

Lors lempereur le roy le duc ou prince
Qui souuerain sera de la prouince
Ne recepura aucun dommaige ou honte
De l'eriger au vray degre de conte.

La maniere de faire vng marquis. Chapitre 11.

Si vng seigneur de noble parentaige
Tient en sa main de feudal heritaige
Autant que peuuent troys barons en tenyr
On ne luy doibt a l'heure retenyr
Comme le veult l'art millitaire exquis,
Le vray degré et tiltre de marquis
Lequel il doit sans reffus ou obiect
Prendre du duc auquel il est subiect.

La maniere de faire vng viconte chapitre 12.

Pour eriger vng viconte notable
Selon la loy et le droit equitable
Il fault bien veoyr si ses biens sont montez
A la valleur de cinq ou six contez,

Et pour tresbien asseurer lentreprinse

Il fault scavoir sil en faict la reprinse
D'ung seul seigneur qui soit ou duc ou roy

S'il est ainsi on doibt en noble arroy
Le recepuoir et permette quil monte
Au vray degre de notable viconte
Ce qui se faict par vng duc honorable
Ou par vng roy courtoys et amyable

Et par ainsi viconte nest pas dict
Vng lieutenant qui d'ung conte ayt credit
Mais est celluy qui cinq foys estant conte
Pour vng tel bien est vnefoys viconte.

La maniere de faire
vng baron. Chapi. 13.

Pour d'ung baron la doctrine explicquer
Vng escuyer doit premier praticquer
Quil ayt vaillant quatre chastelenyes
Lesquelles soyent par leurs chartres munyes
D'auoir le droict de la haulte iustice
Moyenne et basse affin que l'iniustice
Des delinquans ilz puissent reffrener,
Alors le roy peult a droict l'estrener
(Si faict le duc souuerain de sa terre)
D'une banyere a la premiere guerre
Ou conuiendra que seruir il s'en aille

Et sil aduient qu'en seconde bataille
Il soit contrainct banyere reporter
De baneret il doit le nom porter

La tierce foys pour vng plus noble nom
Il doibt auoir le tiltre de baron

Ce neaumoyns les princes anciens
Des baneretz estoient praticiens
Tout aultrement que ne l'ay dessusdict
Car quand aulcun par pouuoir et credit
Auoit vaillant d'or et d'argent les sommes
Pour souldoyer cinquante gentilz hommes

Il estoit lors pour vng tel reuenu
Des roys et ducz vray baneret tenu
Qui luy donnoyent la puissance planyere
D'estre baron apres que la baniere
Auoit troys foys en bataille portée
Et sans la perdre entiere raportée.

La maniere de faire
vng cheuallier.
Chap. 14.

Pour bien creer et faire vng cheuallier
Regarder fault si cest vng escuyer
Riche et puissant de noble parentaige
Qui ayt esté en guerre maint voyage
Pour esprouuer en assaulx et alarmes
Le cueur quil a aux vertueux faictz d'armes

Et quand verra son chef victorieux
Pour se monstrer des vertus curieux
Damander doibt (sans le prendre en desordre)
Au nom de Dieu et de sainct George l'ordre

A donc le chef soit prince ou capitaine
Dessoubz lequel la bataille se gaigne
Tenant en main l'espée toute nue
Le doit frapper troys foys d'une venue
En luy disant ie te faictz en ce lieu
Vray cheuallier au nom de nostre Dieu
Et de sainct George amateur de prouesse
Pour preseruer la foy de toute oppresse

Semblablement pour soustenir iustice
Et se monstrer a l'eglise propice
Et pour garder d'oppresions trop neufues
Les Orphelins les pauures et les veufues

Et si on voit que lescuyer n'ayt rien
Ce non obstant quil se combatte bien
Il fault premier luy donner rente ou terre
Pour maintenir son estat a la guerre

Car on ne doit donner cheuallerye
A ceulx qui n'ont ou gaige ou seigneurye
Pour en tout temps a leur cas subuenir
Et leur estat en honneur maintenir.

Fin.

En esperant

Du Boullay.

Huictain audict Seigneur.

Prenez engré, O! royal prince Anthoine
   L'humble Labeur de vostre poursuyuant
Qui a voulu ce liure en bonne estraine
Faire sus l'art lequel il est suyuant

Pour vous monstrer que tant plus est viuant
Tant plus desire en cest art millitaire
Se faire expert tres prompt et bien scauant
Pour à iamais vostre grace complaire.

Fin

En esperant.

1543.

MÉMOIRE

SUR L'ÉTAT DE LA LORRAINE

A LA FIN DU XVIIe SIÈCLE.

PUBLICATION DE LA SOCIÉTÉ D'ARCHÉOLOGIE LORRAINE.

125 Exemplaires.

N°

MÉMOIRE

SUR

L'ÉTAT DE LA LORRAINE

A LA FIN DU XVIIᵉ SIÈCLE.

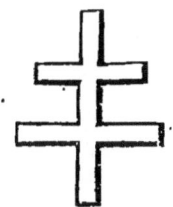

NANCY,
DE L'IMPRIMERIE DE A. LEPAGE.
1858.

AVERTISSEMENT.

Le manuscrit que nous publions aujourd'hui a été imprimé en analyse dans l'*État de la France... Extrait des Mémoires dressés par les intendants par ordre de Louis XIV*. Cet ouvrage est, comme chacun sait, du comte de Boulainvilliers. Il a paru plusieurs fois et de formats différents, notamment à Londres, en 1757, huit volumes in-12.

Quoique bien faite, cette analyse est loin de renfermer ce qui peut intéresser les personnes désireuses de connaître avec détail ce qui concerne la statistique de la Lorraine; elle est d'ailleurs remplie de noms estropiés qui déconcertent presque à chaque page le lecteur le mieux au courant des choses du pays.

Pour donner une édition aussi exacte, aussi complète que possible du *Mémoire concernant les États de Lorraine et Barrois*, dressé par M. Jean-Baptiste de Vaubourg des Maréts, intendant de Lorraine et des évêchés, nous avons consulté et comparé entre eux quatre copies de différentes mains. Elles sont d'accord pour l'ordre et la méthode; elles varient seulement entre elles sur quelques points de peu d'importance, et les inexactitudes qu'on y rencontre sont plutôt l'effet de l'inadvertance des copistes que la faute du rédacteur.

Lorsque nous avons rencontré une variante dans les manuscrits, nous avons adopté la leçon reçue dans le plus grand nombre, à moins toutefois que l'évidence ne nous ait contraint à admettre la leçon d'une seule copie, laquelle, sans contredit, était la seule bonne, parce qu'elle était la seule conforme aux données certaines de l'histoire ou de la géographie de notre contrée.

Nous avons suivi l'orthographe du temps, persuadé que, de cette façon, nous conserverions au travail de l'intendant du grand roi en Lorraine, sa physionomie véritable ou, comme on dit, sa couleur locale.

Le lecteur verra, en parcourant ce *Mémoire* écrit par un Français, comment, au xviie siècle, les conquérants de la Lorraine appréciaient les personnes et les choses dont ils étaient devenus les maîtres; comment ils jugeaient le caractère et les mœurs de nos ancêtres, le gouvernement de nos ducs, l'influence de la chevalerie dans les affaires du pays; ce qu'ils pensaient de la discipline ecclésiastique dans ses rapports avec le pouvoir civil; quels avantages apportaient à l'État les fondations religieuses, notamment les quatre chapitres nobles des dames de Remiremont, d'Epinal, de Poussay et de Bouxières.

Enfin, reportant le lecteur à une époque déjà bien éloignée de la nôtre, le Mémoire de M. de Vaubourg lui permettra de comparer les temps de l'ancienne monarchie avec ceux du gouvernement ducal; il pourra apprécier à sa juste valeur les progrès que le temps a fait faire à notre contrée sous un nouveau régime. Il se persuadera de plus en plus que, pour être heureux et florissant, placé comme il l'était aux confins de deux grands empires, il fallait que le petit duché de Lorraine appartint définitivement à celui des deux États qui parlait sa langue maternelle, qui avait presque toutes ses habitudes, et que les divers événements anciens lui avaient si souvent assimilé : c'est-à-dire il fallait, pour leur bonheur à venir, que la Lorraine et le Barrois devinssent une portion de la France pour ne plus se confondre jamais avec la nation allemande.

L. M. C. H.

MÉMOIRE

CONCERNANT

LES ÉTATS DE LORRAINE

ET DU BARROIS.

DRESSÉ PAR M. DE VAUBOURG DES MARÊTS, EN 1697.

Les états de Lorraine et Barrois sont si fort mêlés avec les évêchés de Metz, Toul et Verdun, qu'il est presque impossible de parler de l'un sans parler de l'autre. Quant à présent, ils sont si différents de ce qu'ils étoient en l'année 1670, quand le duc Charles, que les Lorrains appellent Charles IV, et que les historiens françois appellent Charles III, est sorti de son pays, qu'il seroit difficile de connoître ce qu'étoit la Lorraine, si l'on ne disoit un mot des réunions faites par la Chambre royale de Metz.

Les historiens françois qui appellent Charles IV, mort en 1675, Charles III, ne comptent point au nombre des ducs de la Haute-Lorraine ou Lorraine-Mozellanique (seule portion de l'ancien royaume ou duché de Lorraine qui en a retenu le nom) Charles, fils du roi Louis d'Outremer et frère du roi Lothaire, lequel, en l'année 979, fit hommage de la Lorraine à l'empereur Othon II, de la maison de Saxe.

En 1670, l'État de la Lorraine étoit composé, savoir, des prévôtés, offices et seigneuries qui suivent :

LA LORRAINE

Prévôté et office de Nancy et bourg de Saint-Nicolas.
Prévôté et office de Saint-Dié et Raon.
Prévôté et office de Rozières.
Prévôté et office d'Amance.
Prévôté et office de Gondreville.
Prévôté et office de Prény.
Prévôté de l'Avant-Garde.
Prévôté et office de Condé et Val-des-Faux.
Prévôté et office de Lunéville.
Prévôté et office d'Einville.
Comté de Vaudémont.
Comté de Blâmont.
Franc-alleu de Foulcrey.
Comté de Salm.
Marquisat de Hatton-Châtel.
Baronnie d'Apremont.
Office de Châté.
Office du Val-de-Liepvre.
Office de Saint-Hippolyte.
Office de Deneuvre.
Marquisat de Nomeny.
Prévôté et office de Mirecourt et Remoncourt.
Prévôté et office d'Arches.
Prévôté et office de Bruyères.

Prévôté et office de Neufchâteau et Châtenoy.
Prévôté et office de Dompaire.
Prévôté et office de Charmes.
Prévôté et office de Darnay.
Office d'Épinal.
Prévôté et office du Val-de-Vaudrevange.
Prévôté et office de Dieuze.
Seigneurie de Morhange.
Prévôté et office de Boulay.
Prévôté et office de Freistroff.
Prévôté et office de Siersperg.
Prévôté et office de Schaumbourg, terre d'Albe.
Prévôté et office des Sarguemines.
Terre de Putelange.
Terre de Forbach.
Bailliage de Hombourg et Saint-Avold.
Terre de Zareich.
Comté de Bitche.
Comté de Sarwerden.
Seigneurie de Fénestrange.

LE BARROIS MOUVANT.

Prévôté et office de Bar-le-Duc et comté de Ligny.
Prévôté et office de Souilly.
Prévôté de Gondrecourt.
Prévôté et office de Lamarche.
Prévôté et office de Châtillon-sur-Saône.
Prévôté et office de Conflans-en-Bassigny.

LE BARROIS NON MOUVANT.

Sénéchaussée de Lamothe et Bourmont.
Prévôté et office de Saint-Mihiel et Rambercourt-aux-Pots, bourg.

Prévôté et office d'Etain.
Prévôté et office de Briey.
Prévôté et office de Conflans-en-Jarnisy.
Prévôté et office de Longwy.
Prévôté et office de Longuyon.
Prévôté et office de Sancy.
Prévôté et office d'Arancy.
Prévôté et office de Norroy-le-Sec.
Prévôté et office de Foug.
Prévôté et office du Pont-à-Mousson.
Prévôté et office de la Chaussée.
Prévôté et office de Bouconville.
Prévôté de Mandres.

Il est à propos de remarquer ici deux choses, l'une : que le Barrois *mouvant* est ainsi appelé parce que le duc de Lorraine en faisoit hommage à la couronne de France, et que les appellations de ses juges, c'est-à-dire des bailliages de Bar-le-Duc et Bassigny, séans ci-devant à Lamarche et présentement à Bourmont, sont portés au Parlement de Paris.

Les historiens françois rapportent qu'en l'année 1297, Henry III du nom, comte de Bar, s'étant ligué avec Édouard Ier, roi d'Angleterre, dont il avoit épousé la fille, le duc de Brabant et plusieurs autres princes, contre le roi Philippe-le-Bel, et en conséquence de cette ligue, étant entré en armes dans la Champagne, il fut pris par la reine Jeanne de Navarre, comtesse de Brie et de Champagne, qui s'avança pour deffendre son comté, et ensuite envoyé prisonnier à Paris, d'où il ne put sortir qu'à condition de faire hommage de son comté, qu'il avoit toujours prétendu tenir en *franc-alleu*.

La seconde, qu'autrefois et jusqu'en 1571, nos rois ont

non-seulement eu l'hommage et le ressort du Barrois, mais même ils y ont eu tous les droits régaliens; mais, par un contrat de l'année 1571, suivi de deux déclarations, des années 1572 et 1573, et d'une autre du 8 aoust 1575, les rois Charles IX et Henry III, beaux-frères de Charles, duc de Lorraine, qui avoit épousé madame Claude de France, leur sœur aînée, se sont réduits au seul hommage et ressort. Le savant Pierre Dupuis, parlant de ces déclarations, dit qu'elles furent accordées *par une trop grande facilité.*

Le même M. Dupuis partage le Barrois mouvant et le non mouvant, en sorte que la partie située en deçà de la Meuse, à l'égard de la Champagne, est Barrois mouvant, et la partie située au-delà est, dit-il, le non mouvant, tenu des empereurs d'Allemagne, sous le titre de *Marquisat de Pont-à-Mousson;* il s'est trompé, car les prévôtés de Lamarche, Châtillon et Conflans, qui sont au-delà, sont, sans difficulté, du Barrois mouvant, et la sénéchaussée, anciennement châtelnie de Lamothe et Bourmont, qui, suivant plusieurs titres authentiques et incontestables, étoit autrefois du Barrois mouvant, est pareillement au-delà.

Outre les prévôtés, offices et seigneuries ci-dessus, il y avoit quelques terres situées entre la Lorraine et la Franche-Comté, qu'on appeloit terres de *surséance,* parce qu'elles étoient contestées entre le roi d'Espagne, comme comté de Bourgogne, et le duc de Lorraine; et que, par un *traité de l'année 1614,* les officiers des deux princes étoient convenus que la souveraineté demeureroit en dépôt entre les mains des seigneurs hauts-justiciers.

Ces terres étoient Fougerolles, Montreuil-sur-Saône, Fresne, Fontenoy-la-Ville et Fontenoy-la-Côte.

Depuis la cession de la Franche-Comté par le traité de Nimègue, le roi les a fait réunir au comté.

Par les arrêts de la Chambre royale ci-devant établie à Metz,

Saint-Nicolas a été déclaré fief mouvant de l'évêché de Metz.

Gondreville, fief de l'église de Verdun.

L'Avant-Garde, fief du comté de Bar.

Condé, domaine de l'évêché de Metz.

Vaudémont, fief du comté de Bar.

Blâmont, fief de l'église de Metz.

Salm, idem.

Hatton-Châtel, fief de l'église de Verdun.

Apremont, fief de l'église de Metz.

Châté, fief du comté de Bar.

Nomeny, domaine de l'évêché de Metz.

Neufchâteau et Châtenoy, fiefs du comté de Champagne.

Epinal, fief de l'évêché de Metz.

Dieuze, fief de la même église.

Morhange, fief ou terre d'Empire, mais de la souveraineté du roi, en conséquence du traité de Munster qui cède à Sa Majesté les mêmes droits que l'Empereur et l'Empire avoient sur les évêchés de Metz, Toul et Verdun et leurs dépendances.

Albe, domaine de l'évêché de Metz.

Hombourg et Saint-Avold, domaine du même évêché.

Bitche, fief de l'église de Metz.

Liverdun, idem.

Lamothe et Bourmont, fiefs du comté de Bar.

Rambercourt-aux-Pots, fief de l'église de Verdun.

Estain, domaine de l'église collégiale de la Magdeleine de Verdun.

Briey, fief de l'église de Metz.

Conflans-en-Jarnisy, domaine de l'évêché de Metz.

Longwy, Longuyon, Sancy, Arancy, Norroy-le-Sec, Foug, fiefs du duché de Bar.

Le Pont-à-Mousson, idem.

La Chaussée, idem.

Bouconville, idem.

Enfin, par un arrêt général du 10 septembre 1683, fondé sur le traité de Munster qui a transporté au roi tous les droits de souveraineté, domaine, supériorité et autres que l'Empereur et l'Empire avoient sur les Trois Évêchés et leurs districts ou dépendances, même sans ajouter le mot *temporel*, que les plénipotentiaires de l'empereur vouloient avec beaucoup d'instance y faire ajouter,

Nancy, Rozières, Lunéville, Einville, Saint-Dié, Raon, Amance, Prény, Mirecourt, Darney, Dompaire, Bruyères, Charmes, Arches, Valdrevanges, Siersperg, Schaumbourg, Sarguemines, Puttelange, Forbach, Boulay, et généralement toutes les terres et seigneuries ou fiefs qui sont dans les diocèses de Metz, Toul et Verdun, ont été déclarés de la souveraineté du roi.

Après avoir fait connoître succintement en quoi consistoit l'État de Lorraine et Barrois et 1670, et ce qu'il est présentement, suivant les réunions de la Chambre royale de Metz, finie en 1683, on entrera en matière pour suivre l'ordre du Mémoire ou projet envoyé de la Cour.

Les États de Lorraine et Barrois, dans lesquels sont enclavés les trois évêchés de Metz, Toul et Verdun, plusieurs terres de l'Empire, comme la principauté de Salm, Créanges et autres, la seigneurie de Commercy, qui a passé jusqu'aux réunions pour une souveraineté indépendante, et quelques anciennes dépendances de la Champagne, comme Vaucouleurs sur la Meuse, même quelques anciennes dépendances du duché de Luxembourg, comme Thionville sur la Moselle, ont environ quarante lieues de longeur, depuis l'extrémité du comté de Bourgogne jusqu'au pays de Luxembourg; ils peuvent avoir environ 30 lieues dans l'endroit le plus large, c'est-à-dire depuis Saint-Dizier, qui est à l'extrémité de la Champagne, jusqu'à l'extrémité de l'Alsace ou plutôt jusqu'à la route de Metz en Alsace, que le duc Charles de Lorraine a cédée au roi par le traité de Paris, du dernier février 1664; dans laquelle route Sarrebourg et Phalsbourg sont compris.

Ils ont au levant la province d'Alsace, au midi le comté de Bourgogne, au couchant la Champagne, et au septentrion le duché de Luxembourg et les Ardennes.

Ce pays de tout côté est à plus de 50 lieues de la mer.

RIVIÈRES.

Les principales rivières sont la Meuse et la Moselle; l'une et l'autre ne sont navigables en tout temps qu'à l'extrémité de l'État de Lorraine, savoir: la Meuse à Verdun, et la Moselle à Metz. On ne laisse pas de faire descendre quelques bateaux de Saint-Mihiel à Verdun, mais avec beaucoup de peine, et seulement dans l'automne et au printemps, quand les eaux sont grosses; il descend aussi des bateaux de sel de la saline de Rozières, depuis l'embouchure de la Meurthe dans la Moselle, laquelle embouchure est huit lieues plus haut que Metz; pour cela, il faut prendre le temps et les saisons, et souvent alléger ou décharger des grands bateaux dans des petits. On fait aussi y descendre quelques autres marchandises et particulièrement des planches de sapin qui viennent des montagnes de Vosge.

Le roi a fait descendre et flotter sur la même rivière des mâts pour les vaisseaux de guerre; ils étoient coupés dans les montagnes de Vosge, au-dessus de Remiremont, et descendoient jusqu'à Toul; de là, on les transportoit par charrois jusqu'à Bar-le-Duc, où ils étoient mis sur la rivière d'Orney (Ornain), qui tombe dans la Marne, au-dessous de Vitry; ainsi de la Marne dans la Seine, ces mâts flottoient jusqu'au Hâvre-de-Grâce.

Le cours de la Moselle est assez serré jusqu'au Pont-à-Mousson; du Pont-à-Mousson à Metz, de Metz jusqu'à Thionville, il s'élargit davantage.

Celui de la Meuse est moins serré dans l'étendue des États de Lorraine et jusqu'à Saint-Mihiel.

Il seroit difficile de rendre la Moselle navigable en tout temps au dessus du Pont-à-Mousson, parce qu'elle est fort rapide et change souvent de lit.

La Meuse est beaucoup moins rapide, et on pourroit la rendre navigable, mais non sans grande dépense. On avoit proposé, à l'occasion de la coupe et voiture des mâts, de faire un canal pour joindre la Moselle avec la Meuse, en se servant d'un ruisseau qui tombe dans la Moselle à Toul, et d'un autre qui tombe dans la Meuse au-dessus de Pagny.

On prétendoit aussi faire un autre canal de la Meuse à la petite rivière d'Aire qui tombe dans l'Aisne, et se servir d'un ruisseau qui tombe dans la Meuse au-dessus de Sampigny : ces projets n'ont point eu de suite; s'ils étoient exécutés, les mâts, au lieu de flotter sur la Marne, flotteroient sur l'Aisne et l'Oise, et ne passeroient point à Paris.

La Meurthe, dont il est parlé ci-dessus, est aussi navigable à deux ou trois lieues de Nancy, et sert particulièrement pour le débit et transport des sels de la saline de Rozières; on prend le temps propre, et ordinairement on se sert de bateaux fort petits et fort légers.

La rivière d'Orney, qui passe à Bar-le-Duc, n'est que

flottable; on a fait souvent descendre à Paris des bois du Barrois par cette rivière.

La Sarre, qui passe dans la Lorraine-Allemande, a donné le nom de province de la Sarre à cette partie des États de Lorraine jointe avec les terres d'Empire qui en sont voisines, ou qui y sont mêlées ou enclavées, lesquelles ont été réunies par des arrêts de la Chambre royale de Metz.

Cette rivière est navigable au-dessus de Sarrebruck, terre du comté de Nassau et fief d'Empire réuni, elle tombe dans la Moselle au dessus de Trèves.

La rivière d'Orney (Ornain), qui passe à Bar-le-Duc, se joint dans le Barrois avec la rivière de Saux, qui n'est non plus navigable que l'Orney.

Les autres rivières de Lorraine ou des Évêchés, outre celles ci-dessus, sont :

La Seille, qui tombe dans la Moselle à Metz.

Le Madon, qui passe à Mirecourt et tombe dans la Moselle à Chaligny, au dessus de Toul.

La Mortagne, qui tombe dans la Meurthe et qui est utile parce qu'elle sert pour faire flotter la plus grande partie des bois nécessaires pour la saline de Rozières, principal revenu du duc de Lorraine.

La Vologne, qui tombe dans la Moselle entre Espinal et Remiremont. On pêche des perles dans cette rivière; on en pêche aussi dans une autre petite rivière, appelée la Chire, qui passe à Longwy et à Montmédy et qui tombe dans la Meuse entre Mouzon et Sedan.

La Vezouse, qui passe à Blâmont et à Lunéville et tombe dans la Meurthe.

L'Orne, qui tombe dans la Moselle au-dessus de Thionville.

Celle d'Otain et la Crune, qui se joignent à la Chire pour

tomber dans la Meuse. Ces quatre rivières n'ont rien de recommandable.

Les deux Niedes, savoir la romande (françoise) et l'allemande, sont bordées de prairies fertiles en foin pour les fournitures de Metz. La rivière de Vagny, qui tombe dans la Moselle au-dessus de Remiremont et sur laquelle il y a quelques papeteries et plusieurs scieries ou moulins à scier des planches. Et enfin le Sanon, formé de la chute ou décharge d'un grand étang appelé de Lagarde, comme la Seille, qui va à Metz, est formée de la décharge de l'étang de Lindre, lequel a sept lieues de circuit. Cette rivière de Sanon est aussi bordée de prairies fertiles qui fournissent des foins à Nancy.

Il ne faut pas oublier que la rivière de Saône, qui porte à Lyon tant de commodités, prend sa source en Lorraine, dans les montagnes de Vosge, et que la rivière d'Aisne, utile à Paris par la quantité de blés et autres provisions de Champagne et du Soissonnois qu'elle y apporte, prend la sienne dans le Barrois.

Il est bon aussi de remarquer en passant que la source de la Moselle et celle de la Saône sont fort voisines.

Il faut encore remarquer que si le roi a tiré par la Saône des mâts de Vosge pour les vaisseaux de la marine du Levant, il en tire par la Moselle pour les arsenaux du Ponant (couchant).

ÉTAT DU PAYS.

Les célèbres montagnes de Vosge, appelées par les Romains *Vogesus Mons,* composent une grande partie de la Lorraine.

C'est une chaîne de montagnes qui s'étend depuis la plaine d'Alsace jusqu'à l'extrémité de la Champagne, vers la source de la Meuse; elles séparent la Lorraine d'avec la Franche-Comté.

C'est un pays abondant en bestiaux qui trouvent leur nourriture dans ces montagnes sept ou huit mois de l'année, et ces bestiaux font aussi le principal commerce des habitants.

On ne peut pas dire que le surplus de la Lorraine soit un pays uni et ouvert, il est fort mêlé de côtes, de montagnes et de vallons; mais ces montagnes sont moins âpres que celles de Vosge.

Il y a dans les montagnes de Vosge une très-grande quantité de bois de toutes espèces, mais particulièrement des sapins, dont on fait des mâts pour les navires; on en fait aussi des planches en les sciant, et il s'en débite beaucoup par la Moselle à Metz, à Thionville, à Trèves, à Coblentz, et même jusqu'en Hollande par le Rhin, on en fait ce qu'on appelle des voilles ou trains, qui se flottent sur la Moselle.

Outre ces bois des montagnes des Vosges, il y a dans la Lorraine, dans le Barrois, et surtout dans le bailliage d'Allemagne, ou Lorraine allemande, appellée présentement province de la Sarre, un très-grand nombre de forêts, remplies de toutes sortes de bois de haute futaye. Les Hollandois en tirent par la Sarre et la Moselle des bois de construction pour leur marine; ces bois de construction sont des chênes.

Il n'y a presque point de communautés qui n'aient des bois communs, qu'elles coupent avec règle et qu'elles partagent; plusieurs en ont même beaucoup.

La Lorraine est abondante en bled, froment, principalement le canton appelé le Vermois, près Nancy. Le comté de Vaudémont, dont Vézelise, petite ville, est le chef-lieu, et le pays appelé Saunois, le long de la Seille, le vallon de Bar, arrosé par la rivière d'Orney, portent aussi de bons froments, mais il est un peu serré.

Les autres cantons de la Lorraine sont fort abondants en bled, méteil, seigle, orge, avoine, et autres grains.

Les montagnes de Vosge n'ont que du seigle, des orges, des avoines et du bled noir ou sarrasin, et même en petite quantité; mais, en général, la terre est si fort cultivée qu'elle porte tous les ans plus de bled qu'il n'en faut pour trois ans aux habitants du pays, lequel n'est pas beaucoup peuplé.

Il y croît aussi des chanvres et beaucoup de navette dont on fait de l'huile. Les paysans, qui trouvent facilement le débit de ces huiles que les Liégeois viennent enlever pour leurs manufactures, préfèrent cette semence à toute autre et même à celle des bleds qui demeurent, à moins que le roi ou ses munitionnaires n'en tirent pour les armées d'Allemagne.

Le pays appelé la Voipvre, autrefois du Barrois non mouvant, est composé de huit prévôtés, savoir :

Estain,

Briey,

Conflans-en-Jarnisy,

Longwy,

Longuyon,

Sancy,

Arancy,

Et Norroy-le-Sec, situé entre Metz et le pays de Luxembourg ou les Ardennes.

Ce pays est fort abondant en bled, méteil, dont il y a un débit assuré pour la nourriture des Ardennois, qui en manquent, leur pays étant froid et stérile.

Le Barrois mouvant est abondant surtout en vin, et même assez bon : les Liégeois et les Ardennois s'en fournissent ordinairement.

Il y a aussi des vins aux environs de Nancy, à Condé, sur la Moselle, au Pont-à-Mousson, à Thiaucourt et autres endroits, et même assez abondamment; mais ce ne sont pas des vins de grande réputation.

Outre les bleds, la Lorraine abonde encore en foins, c'est pourquoi elle est très-commode pour la subsistance des armées en été, et de la cavalerie pendant l'hiver. Pour consommer ces foins, on a ce qu'on appelle des marcareries : ce sont des ménages composés de grands troupeaux de bêtes blanches et rouges; c'est-à-dire des moutons, des brebis, bœufs et vaches, dont on tire le profit par la vente des laines, fromages, beurre, des veaux et agneaux, et par l'engrais des bœufs.

Ces ménages se donnent à ferme à des Suisses ou Allemands, qu'on appelle *marcares*, d'où vient le nom de *marcareries;* ils rendent ordinairement une certaine quantité de beurre, de fromages, de veaux, d'agneaux et quelquefois de l'argent, suivant les conditions du bail. Pour ce qui est de l'engrais, il n'est guère en usage que dans les montagnes.

On a déjà dit que les foins y sont en abondance, et les prairies, particulièrement de la Meuse, fort étendues.

Il y a aussi de grands pâturages pour la nourriture du menu bétail en été.

Toutes les communautés ont de ces pâturages ou pacages en commun, qui leur sont fort utiles : ces pacages font que les habitants des montagnes de Vosge nourrissent quantité de gros bestiaux, et même engraissent des bœufs et les vendent pour l'Alsace et pour Strasbourg, Basle,

Nancy, Metz et Toul ; c'est ce qui fait leur principal commerce ; ils font aussi, particulièrement du côté du lac appelé Gérardmer, et par corruption *Géraumé*, des fromages connus sous ce nom, qui se débitent en Suisse, en Franche-Comté, en Alsace, dans la Lorraine et jusqu'à Luxembourg : ce sont de grands fromages secs, comme ceux de Parmesan et de Roquefort, mais moins bons.

Il ne faut pas obmettre que le lac de Gérardmer ou Géraumé est un grand lac dans les plus hautes montagnes de Vosge, du côté de l'Alsace, dont la décharge avec celle d'un autre lac voisin appelé Longe-Mer et celui de Retourne-Mer, forme la rivière de Vologne dont il est ci-dessus parlé.

CLIMAT DU PAYS.

Le climat du pays de Lorraine est assez tempéré, plutôt néanmoins froid que chaud, à cause du voisinage des montagnes et des forêts de Vosge ; ces montagnes étant fort froides, la partie du Barrois non-mouvant qui est proche des Ardennes est aussi fort froide.

Le Barrois Mouvant voisin de la Champagne, et particulièrement le vallon de Bar, est plus doux que la Lorraine, ce qui fait que les vins y sont meilleurs.

MINES DE FER ET D'ARGENT.

On trouve en plusieurs endroits des montagnes de Vosge et autres lieux des mines de fer fort abondantes, et il y a nombre de forges dans le pays. A Sainte-Marie-aux-Mines, et au village de La Croix, qui n'en est éloigné que d'une grande lieue, il y a des mines d'argent ; elles étoient encore ouvertes et l'on y travailloit quand M. le duc de Lorraine est sorti de ses États en l'année 1670.

Depuis ce temps, les fermiers du roi, dans le bail desquels

ces mines étoient comprises, ont négligé d'y faire travailler, apparemment parcequ'ils n'y trouvoient pas leur compte; en effet, la mine n'étoit pas abondante, et le travail coûtoit plus que l'on ne retiroit de profit; ce n'étoit pas cependant une chose à négliger dans un temps de paix, bien entendu qu'on y travailleroit aux dépens du pays, sans quoi le travail des mines ne peut presque jamais réussir.

MINES D'ALUN.

Il y a dans la Woivre, du côté de Longwy, des mines d'alun qui ne sont d'aucune utilité, parce que on n'a pas le secret de le calciner; on prétend que les Liégeois, qui en ont besoin pour leurs manufactures et qui sont obligés d'en faire venir de Lyon, cesseroient d'en faire venir de si loin s'ils pouvoient en trouver plus près.

EAUX MINÉRALES.

Les eaux minérales de Plombières, fort renommées et connues des Romains, sont dans les montagnes de Vosge, du côté de la Franche-Comté. Il y a des eaux chaudes et des eaux froides: les chaudes sont bonnes pour les paralysies, rhumatismes et autres douleurs causées par des humeurs froides; les eaux froides ont leurs particularités et servent à plusieurs choses.

SALPÊTRE.

L'État de Lorraine produit une assez grande quantité de salpêtre, non qu'il y en ait aucune mine, mais par la recherche que l'entrepreneur des poudres fait faire dans les étables, granges et autres lieux couverts où la terre en produit: ces endroits couverts, comme on sait, en sont assez abondants, et en produisent chaque année une assez bonne quantité.

SALINES.

La plus grande richesse souterraine sont les salines de Rozières, Château-Salins et Dieuze : ces trois travaillent présentement; mais aux environs de la rivière de Seille et de la Sarre, il y a plusieurs autres salines que l'on pourroit faire travailler, si on avoit le débit des sels, par exemple : Marsal, Salonne et Saralbe.

La source salée de Rozières rend cinq à six livres de sel pour cent livres d'eau; celle de Château-Salins quatorze à quinze pour cent, et celle de Dieuze douze à treize pour cent. On fait tous les ans à Rozières six mille muids de sel : le muid est composé de seize vaxels, et le vaxel pèse trente-quatre à trente-cinq livres, en sorte que le muid pèse environ cinq cent soixante livres.

A Château-Salins, on en fait cinq mille cinq cents muids, et à Dieuze huit mille muids.

Toute cette quantité de sel est beaucoup plus grande que la consommation de tout l'Etat de Lorraine. Les fermiers des salines vendent l'excédant pour l'Alsace, pour le Palatinat et pour le pays de Trèves, Mayence, Spire, Worms et autres terres d'Empire situées en deçà du Rhin.

Il est certain que, pendant le bail qui finit au mois d'octobre 1697, les ventes étrangères ont été poussées fort loin, et le fermier a fait un très-grand profit; c'est par cette raison qu'il a été façonné beaucoup plus de sel qu'on ne faisoit auparavant.

PLANTES, ARBRES FRUITIERS.

Les plantes et les arbres fruitiers du pays n'ont rien de particulier; on n'y élève qu'avec peine les figuiers, les amandiers et les autres arbres qui se plantent dans les pays chauds; il y a maintenant néantmoins d'assez bons melons sur la Meuse, du côté de Commercy et de Saint-Mihiel et même à Bar-le-Duc, où le climat est plus doux qu'aux lieux qui sont plus près des montagnes de Vosge.

COMMERCE.

On a déjà dit quelque chose des principaux commerces de la Lorraine et du Barrois, des bestiaux, fromages, et huiles de navette, cire, miel, vin de Bar et des environs, planches de sapin, bois de construction pour la marine, de quelques pelleteries, et particulièrement des peaux d'ours qu'on prend dans les montagnes de Vosge. Les pelleteries se débitent à Strasbourg, à Bâle, à Nancy et ailleurs.

Les bestiaux engraissés ont aussi leur débit en ces trois villes et les autres du pays, comme on a dit ci-devant; mais le plus grand débit se fait dans les foires de Vosge, aux Allemands et Suisses qui y vont acheter des bœufs pour le labourage, de jeunes taureaux et des vaches.

Tous ces commerces ne sont pas considérables, et à moins que le roi ne tienne des troupes dans la Lorraine, ou que les munitionnaires de ses armées n'achètent, elle n'a nul débit des bleds dont elle abonde, et par conséquent, peu d'argent.

INVENTION DE L'EAU-DE-VIE.

Depuis quelques années on a trouvé au Pont-à-Mousson, le moyen de faire des eaux-de-vie du marc des raisins, ce qui donne lieu de tirer un assez grand profit d'une chose que l'on ne croyoit bonne qu'à brûler.

Du Pont-à-Mousson, le secret a passé à Metz, dans le Barrois et dans tous les vignobles circonvoisins, et actuellement tous les marcs de raisin se vendent, et il se fait un grand débit de ces sortes d'eau-de-vie pour les armées, pour les hôpitaux des troupes et pour toutes les villes tant de la Lorraine que des Évêchés, du pays de Luxembourg, des Ardennes, du Palatinat et de la frontière d'Allemagne du côté de Mayence et de Worms.

FERS.

Il seroit difficile, pour ne pas dire impossible, d'établir une fabrique de fer dans un pays où le bois seroit rare et moins commun qu'il n'est dans la Lorraine, dans le Barrois et dans les Trois-Évêchés.

Le fer qui se fabrique dans les forges de la Lorraine a son débit dans le pays et dans les circonvoisins.

VERRERIES.

Les verreries établies dans les bois de la prévôté de Darney, du côté de la Franche-Comté, et dans ceux qui sont voisins de Saint-Mihiel, comme aussi au village de Tonnoy, à trois lieues de Nancy, fournissent le pays de verre.

MARAIS.

Il n'y a point dans tout l'État de Lorraine de marais à dessécher.

NATUREL DES LORRAINS.

Les Lorrains sont tous fort laborieux; le pays, qui n'est pas peuplé, et qui, néantmoins, est partout fort cultivé, en est une marque certaine. Ils sont communément grossiers, du moins le menu peuple; la noblesse même, qui n'a pas été polie, ou par la fréquentation des cours, ou qui n'est pas sortie du pays, ou qui n'a pas servi dans les troupes, tient aussi de la grossièreté naturelle des Lorrains; ceux qui se sont, comme on dit, dépaysés, ne manquent ni d'esprit ni de politesse. L'esprit du commun peuple est plutôt pesant que vif, et son langage, tout-à-fait désagréable, marque même cette pesanteur. Il ne faut pas croire pour cela qu'on ne trouve pas en Lorraine, comme partout ailleurs, de bons esprits, capables d'affaires, de sciences et de belles-lettres; mais, généralement parlant, ce n'est pas une chose si commune qu'en Languedoc et autres provinces dont le climat est plus chaud.

Les peuples lorrains voisins des Allemands participent aussi de la lenteur des Allemands.

Entre tous les princes, celui qu'ils tiennent avec raison pour le plus habile, et auquel ils ont donné le surnom de *Grand*, est le duc Charles III selon eux, et Charles II selon les historiens françois, duquel nous avons ci-devant parlé. Il avait été élevé à la cour de France : notre roi Henry II l'ayant emmené jeune pour être, en quelque manière, un gage de la fidélité de la duchesse Christine de Danemark, sa mère, qui étoit nièce de l'empereur Charles Quint, et soupçonnée d'entrer dans ses intérêts, le mit auprès des princes, enfants de France, jusqu'à ce qu'il lui donna en mariage Madame Claude, sa fille aînée.

Les Lorrains sont assez propres pour la guerre; ils aiment surtout le service de la cavalerie, parce qu'ils sont accoutumés dès leur jeunesse à être autour des petits chevaux, dont ils se servent pour le labourage.

Les cavaliers et les soldats lorrains sont en réputation d'être *pillards*. Il y a lieu de croire que le duc Charles IV, sorti de ses États en 1670 (ce prince qui aimoit le désordre et qui a vécu plutôt comme un aventurier que comme un souverain), les mit sur ce mauvais pied.

Les peuples du pays sont si fort attachés à leurs anciens usages, aux anciennes manières et à tout ce qu'ils ont vu faire et pratiquer par leurs pères et par ceux qui les ont précédés, qu'on a peine à les changer, même en bien.

Naturellement, ils sont enclins à la paix; mais quand la guerre est une fois chez eux, ils deviennent cruels jusqu'à l'excès.

En 1632, le duc Charles ayant attiré dans ses États les armées des Suédois, lesquels y firent tous les ravages qui sont inséparables d'une guerre fort animée, les paysans de la Lorraine, chassés de leurs habitations, furent obligés de se retirer dans les bois; ils devinrent si féroces, que la plupart abandonnèrent entièrement la culture de la terre et leurs occupations ordinaires pour voler et assassiner sur les grands chemins. On les appelloit *Cravates* ou Loups de bois. La campagne fut entièrement dépeuplée; il ne resta des habitants que dans les villes fermées; les chevaux de labour et tous les autres bestiaux périrent et, pendant dix ou douze années, les terres furent incultes, et le peu d'habitants qui restoit dans le pays, les garnisons et les troupes que le feu roi, après l'avoir conquis en 1633, étoit obligé d'y tenir, ne subsistoient que des convois que Sa Majesté y faisoit passer sous bonne escorte, jusqu'à ce qu'enfin le feu maréchal de la Ferté Senneterre ayant été fait gouverneur de Lorraine, en 1643, après la prise de Rocroy et celle de Thionville, y rétablit la sûreté par un très-grand nombre d'exécutions de ces voleurs ou *Loups de bois*, et rappella par ce moyen quelques habitants dans les villages.

On a remarqué cette circonstance pour prouver la férocité des Lorrains, quand la guerre est chez eux. Pendant celle que le traité de Nimègue a finie en 1678, comme ils étoient plus voisins des armées et des actions qu'ils ne l'ont été pendant la guerre commencée en 1688, les paysans, surtout de la Vosge, avoient encore repris cet esprit de férocité; un très-grand nombre étoit devenu ce qu'on appelle *schenapens;* ils faisoient, autant qu'ils pouvoient, main basse sur les troupes du roi et les officiers qui alloient et venoient pendant l'hiver, et il a fallu punir plusieurs de ces misérables du supplice de la roue, et ensuite, attendu leur grand nombre, accorder une amnistie aux autres.

VILLES PRINCIPALES.

Les principales villes de l'Etat de Lorraine sont :

Nancy, qui en est la capitale;

Bar-le-Duc, qui l'est du Barrois;

Mirecourt,

Neufchâteau et Espinal (*sic*)

Sont ensuite les plus considérables de la Lorraine, comme le Pont-à-Mousson,

Saint-Mihiel

Et Longwy sont les plus considérables du Barrois.

Il y a en outre plusieurs petites villes qui à peine en méritent le nom, savoir, dans la Lorraine :

Rozières,

Charmes,

Remiremont,

Bruyères,

Lunéville,

Blâmont,

Saint-Diey,

Raon-l'Étape,

Sainte-Marie-aux-Mines,

Bouquenom,

Saralbe,

Les Sarguemines,

Château-Salins,

Badonvillers, Dieuze et Boulay.

Le bourg de Saint-Nicolas, que l'on n'a jamais appelé ville, est plus considérable que celles-là.

On ne parle pas de Vaudrevange, autrefois le chef-lieu de la Lorraine-Allemande; le roi l'a fait détruire pour obliger les habitants de transporter leurs domiciles à Sarre-Louis, ville nouvelle et place de guerre que S. M. a fait bâtir dans le voisinage de Vaudrevange et sur la rivière de la Sarre.

On ne met pas non plus dans le nombre des petites villes de Lorraine celles de Vézelise et de Chasté, parce qu'encore qu'elles soient enclavées et même au milieu de la Lorraine, elles sont néantmoins présentement censées du Barrois, en conséquence des réunions de la Chambre royale de Metz; ni pareillement Dieuze et Nomeny : elles sont toutes les deux, par la même raison, censées de l'évêché de Metz; ni aussi Commercy qui n'a jamais été censé de l'État de Lorraine.

Et dans le Barrois :
Ligny,
Gondrecourt,
Thiaucourt,
Bourmont.

On ne parle point d'Estain, Briey et Conflans-en-Jarnisy qui étoient ci-devant du Barrois, et qui, depuis la réunion, sont censées des évêchés de Metz et Verdun.

DÉNOMBREMENT DE LA POPULATION.

Il y a dans la Lorraine vingt villes petites ou grandes, et dans le Barrois dix, compris Vézelise et Chasté; suivant les derniers dénombrements; il s'est trouvé, en 1698, dans la ville de :

Nancy......... 1745 chefs de familles et 470 veuves ou filles;

A Mirecourt...	371	—	73	—
Au Neufchâteau	264	—	67	—
A Espinal.....	342	—	102	—
A Charmes....	64	—	11	—
A Rozières....	271	—	85	—
A Remiremont.	188	—	10	—
A Bruyères...	68	—	18	—
A Lunéville...	225	—	48	—
A Blâmont....	75	—	6	—
A Saint-Diey..	208	—	18	—
A Raon-l'Étape	75	—	48	—
A Sainte-Marie-aux-Mines....	124	—	54	—
A Bouquenom.	61	—	5	—
A Saralbe.....	30	—	0	—
Aux Sarguemines........	44	—	2	—
A Château-Salins.......	154	—	13	—
A Badonvillers.	102	—	9	—
A Dieuze.....	255	—	15	—
A Boulay.....	195	—	12	—
A Saint-Nicolas	332	—	55	—
A Bar-le-Duc..	809	—	272	—
Au Pont-à-Mousson...	652	—	430	—
A Saint-Mihiel.	391	—	164	—
A Longwy....	318	—	45	—
A Ligny......	564	—	102	—
A Gondrecourt	148	—	30	—
A Thiaucourt..	83	—	8	—
A Bourmont...	58	—	7	—

A Vézelise.... 134 — 19 —
Et à Chasté... 94 — 9 —

La Lorraine, comme elle étoit en 1670, est composée de 1,236 bourgs, villages et hameaux, savoir :

L'office de Nancy...............................	79
L'office de Saint-Diey et Raon................	38
L'office de Rozières............................	45
L'office d'Amance..............................	51
L'office de Gondreville.........................	34
L'office de Preny...............................	24
L'office de l'Avantgarde.......................	3
L'office de Condé..............................	6
L'office de Lunéville...........................	45
L'office d'Einville..............................	19
Le comté de Vaudémont.......................	44
Le comté de Blâmont..........................	17
Le comté de Salm..............................	23
Le marquisat de Hatton-Châtel................	25
La baronnie d'Apremont.......................	13
L'office de Chasté..............................	28
L'office de Val-de-Liepvre.....................	3
L'office de Saint-Hippolyte....................	1
L'office de Deneuvre..........................	6
Le marquisat de Nomeny......................	7
L'office de Mirecourt..........................	34
L'office d'Arches...............................	36
L'office de Bruyères...........................	61
L'office de Neufchâteau.......................	62
L'office de Dompaire..........................	82
L'office de Charmes...........................	17
L'office de Darney.............................	17
L'office d'Espinal..............................	28

L'office de Valdrevange...................... 30
L'office de Dieuze........................... 32
La seigneurie de Morhange.................. 18
L'office de Boulay.......................... 42
L'office de Freistroff....................... 65
L'office de Siersperg........................ 36
L'office de Schaumbourg..................... 15
La terre d'Albe.............................. 3
L'office de Sarguemines..................... 16
La terre de Puttelange...................... 18
La terre de Forbach......................... 11
Le bailliage de Hombourg et Saint-Avold........ 12
La terre de Zareck........................... 7
Le comté de Bitche.......................... 41
Le comté de Sarwerden...................... 36
La seigneurie de Fénestranges................ 16

A quoy il faut ajouter le bourg de Saint-Nicolas et le franc-alleu de Foulcrey, près Blâmont.

Et le Barrois, pareillement comme il étoit en 1670, est composé de 606 bourgs, villages et hameaux, savoir :

L'office de Bar-le-Duc, y compris le comté de Ligny, la baronnie d'Ancerville, et la terre de Pierrefite...... 149
L'office de Souilly........................... 13
L'office de Gondrecourt...................... 19
L'office de Lamarche......................... 28
L'office de Châtillon......................... 6
L'office de Conflans-en-Bassigny.............. 3
La Sénéchaussée de Lamothe, à présent prévôté de Bourmont..................................... 46
L'office de Saint-Mihiel, y compris Sampigny et Trognon....................................... 40
L'office d'Estain............................ 21

L'office de Briey	50
L'office de Conflans-en-Jarnisy	14
L'office de Longwy	58
L'office de Longuyon	11
L'office de Sancy	22
L'office d'Arency	17
L'office de Norroy-le-Sec	6
L'office de Foug	25
L'office du Pont-à-Mousson	44
L'office de la Chaussée	20
L'office de Bouconville	8
L'office de Mandres	6

A quoi il faut ajouter le bourg de Rembercourt-aux-Pots et celui de Pierrefort.

UNIVERSITÉ.

Il n'y a nulle autre université que celle du Pont-à-Mousson, établie en 1572 par Charles, cardinal de Lorraine, archevêque de Reims et administrateur de l'évêché de Metz, et par le duc de Lorraine Charles III et de l'autorité du pape Grégoire XIII. Elle est assez fréquentée et il y vient beaucoup d'Allemands pendant la paix; dans les temps de guerre, il y a très-peu d'écoliers.

PARLEMENT.

Pendant que le duc de Lorraine étoit dans ses Etats, il y avoit à Nancy un Parlement, ou Cour souveraine, pour juger en dernier ressort les affaires de Lorraine.

Et il y avoit à Saint-Mihiel une pareille cour pour le Barrois non mouvant.

Depuis que le roi s'est mis en possession des Etats de Lorraine et Barrois, Sa Majesté a fait cesser les fonctions de ces deux cours ou parlements, et a attribué au parlement de Metz les ressorts des bailliages tant de la Lorraine que du Barrois non mouvant.

Il faut observer en passant que le parlement de Nancy et de Saint-Mihiel, car ces deux chambres ne composoient qu'une seule cour, étoit un nouvel établissement fait par le duc Charles de Lorraine, depuis son retour dans ses Etats, après la paix des Pyrénées, et qu'avant la première sortie de ce prince, arrivée en 1633, ou plutôt en l'année 1628 (car s'est seulement en cette année que le duc Charles changea l'ancien ordre de ses Etats pour l'administration de la justice).

La noblesse ou *ancienne chevalerie* des trois bailliages de Nancy, Mirecourt et Valdrevange, dont on a parlé ci-dessus, s'assembloit tous les mois, et celle du bailliage de Saint-Mihiel tous les trois mois, pour tenir les *Assises* et juger les procès portés devant elle par appel des prévôts et autres juges inférieurs.

En l'année 1628, le duc Charles supprima ces assises ou assemblées, et établit en chaque bailliage six conseillers pour, avec le lieutenant-général, juger tous les procès et à l'instar des bailliages de France, ce qui fit beaucoup murmurer ceux de l'ancienne chevalerie de Lorraine.

Mais ce prince étant rentré dans ses Etats en 1661, pour affermir encore davantage ce qu'il avoit commencé en 1628 et ôter entièrement à l'*ancienne chevalerie* l'espérance du rétablissement de ses priviléges, résolut d'établir et établit en effet ce parlement partagé en deux chambres, dont l'une pour la Lorraine, tenoit sa séance à Nancy, et l'autre pour le Barrois non mouvant, tenoit la sienne à Saint-Mihiel.

CHAMBRE DES COMPTES.

Les ducs de Lorraine avoient deux chambres des comptes,

l'une à Nancy pour la Lorraine, et l'autre à Bar-le-Duc pour le Barrois mouvant et non mouvant.

Le roi a encore fait cesser les fonctions de ces deux chambres et fait transporter les papiers dans la citadelle de Metz.

Ces deux chambres jugeoient en dernier ressort les matières concernant les domaines du prince.

BAILLIAGES.

Avant le retour du duc Charles dans ses Etats, la Lorraine étoit divisée en trois bailliages, savoir :

Celui de Nancy, dit le bailliage françois ;

Celui de Vosge, dont Mirecourt étoit le chef-lieu;

Et celui d'Allemagne ou de Vaudrevange (Valdrevange).

A la tête de chaque bailliage il y avoit un homme de qualité qui avoit sous lui un lieutenant-général avec un certain nombre d'assesseurs ou échevins. Ces bailliages rendoient la justice en dernier ressort et sans appel, jusqu'à la somme de cinquante francs de Lorraine, entre les roturiers seulement, et après leurs jugements, il ne restoit que la voie de remontrance au conseil du prince.

Quand le parlement fut établi, l'appellation des bailliages lui fut attribuée.

Charles III, duc de Lorraine, partagea ces trois bailliages en cinq; il en établit un à Lunéville et un autre à Saint-Diey.

Outre ces trois grands bailliages ci-dessus, il y en avoit un d'ancienneté à Vézelise pour le comté de Vaudémont, qui n'a été uni à la Lorraine qu'en 1483, lorsque René de Lorraine, comte de Vaudémont, du chef de Marguerite, comtesse de Vaudémont et dame de Joinville, sa bisayeule, succéda à Yolande d'Anjou, duchesse de Lorraine, sa mère.

Un autre bailliage à Chasté pour la seigneurie dudit Chasté que les ducs de Lorraine n'ont acquise qu'en 1543, par un contrat d'échange fait avec le duc Antoine et Saltin, comte d'Issembourg.

Un autre bailliage à Espinal pour la ville et vingt-six villages que les ducs de Lorraine ont acquis, ou plutôt usurpés sur les évêques de Metz en 1466, sous prétexte d'un acte par lequel les bourgeois et communauté d'Espinal se sont donnés à Jean d'Anjou, duc de Calabre et de Lorraine, après que le roi Louis XI les eut quittés et déchargés du serment de fidélité qu'ils avoient prêté en 1444 au roi Charles VII, son père.

Et un autre bailliage au Neufchâteau pour la ville et dix-huit villages aux environs, qui n'appartenoient anciennement aux ducs de Lorraine qu'en propriété, la souveraineté en appartenant à la couronne de France à cause du comté de Champagne.

On trouve qu'en l'année 1463, Jean d'Anjou, duc de Calabre et de Lorraine, obtint du roi Louis XI un *délai* et *surséance* pour rendre foi et hommage, et fournir aveu et dénombrement des terres et seigneuries du Neufchâteau, Châtenoy et autres, attendu qu'il étoit alors occupé de la guerre d'Italie; ce titre est soutenu par plusieurs autres pareils et antérieurs. Cependant on ne voit pas comment ni quand les ducs de Lorraine ont acquis ou usurpé la souveraineté du Neufchâteau.

Le roi, en 1685, a supprimé tous ces bailliages, et a attribué à celui de Toul la plus grande partie du ressort du bailliage de Nancy, et a créé deux nouveaux bailliages, un à Espinal et l'autre à Saarlouis, qui ont pour ressort tout ce qui reste de la Lorraine françoise et allemande.

Le Barrois et le Bassigny mouvans étoient anciennement

composés de deux bailliages, savoir : celuy de Bar-le-Duc, le plus grand et le plus étendu, ressortissant au présidial de Châlons pour les cas de l'Edit, et au parlement de Paris pour les autres cas.

Et le bailliage de Bassigny, qui n'avoit point de siége fixe, mais qui tenoit pendant un certain temps ses séances à Gondrecourt-le-Château, et pendant un autre temps à Lamarche, bourg situé à la source du ruisseau appelé Mouzon, qui tombe dans la Meuse au Neufchâteau; et pendant quelque autre temps à Châtillon-sur-Saône et à Conflans-en-Bassigny, bourg situé sur la rivière d'Augrogne, dépendant du Barrois et néanmoins enclavé dans la Franche-Comté et assez près de Luxeuil.

Il y avoit à Gondrecourt, à Lamarche et à Conflans un lieutenant bailliager ou particulier pour juger les affaires pressées en l'absence du lieutenant-général et des officiers du premier siége. L'appellation des jugements de ce bailliage ressortit au parlement de Paris, et les cas de l'Edit, pour Gondrecourt, au présidial de Châlons, et pour Lamarche, Conflans et Châtillon au présidial de Chaumont.

Feu M. le duc de Lorraine, après son retour, avoit fait de Gondrecourt un bailliage en chef.

Le roi, par son édit de l'année 1691, a transféré et fixé à Bourmont le bailliage de Bassigny, et lui a donné pour ressort, outre les trois prévôtés de Lamarche, Châtillon, Conflans, la prévôté et ancienne sénéchaussée de Lamothe et Bourmont dont il sera parlé ci-après, en sorte que les appellations de ce bailliage vont au parlement de Paris pour ce qui est des prévôtés de Lamarche, Châtillon et Conflans, au parlement de Metz pour ce qui est de la prévôté de Bourmont.

Quant au Barrois non mouvant, il n'y avoit anciennement qu'un bailliage qui tenoit sa séance à Saint-Mihiel. Tous les ans la noblesse s'assembloit quatre fois en certain temps pour juger les appellations de ce bailliage; cette assemblée s'appeloit : *les grands jours de Saint-Mihiel*. Monsieur le duc de Lorraine y substitua, après son retour, le parlement ou cour souveraine dont on a parlé ci-devant. Il partagea aussi le bailliage de Saint-Mihiel en trois, et en établit un au Pont-à-Mousson et l'autre à Estain.

Le roi a encore supprimé, en 1685, les trois bailliages et partagé leurs ressorts entre ceux de Metz et Verdun, et un autre que Sa Majesté a créé et établi à Longwy.

SÉNÉCHAUSSÉE.

Outre le bailliage de Saint-Mihiel, il y avoit dans le Barrois non mouvant une sénéchaussée d'assez grande étendue, dite sénéchaussée de Lamothe et Bourmont. Anciennement cette sénéchaussée ou châtellenie étoit mouvante de la couronne, comme celle de Bar-le-Duc et autres.

Il se trouve plusieurs actes de foi et hommage faits par les ducs de Bar pour la châtellenie de Lamothe; le dernier est du 11 mai 1391, fait au roi Charles VI, par Robert, duc de Bar.

On ne trouve pas comment ni quand les ducs de Bar et ensuite ceux de Lorraine, depuis l'union du Barrois avec la Lorraine (en conséquence de la donation faite le 13 aoust 1419, par Louis, duc de Bar, cardinal et évêque de Verdun à René d'Anjou, duc de Lorraine, son petit neveu), ont trouvé moyen de démembrer cette châtellenie sénéchaussée de la souveraineté du roy, mais le démembrement est certain, et aujourd'huy cette sénéchaussée, qui n'est plus qu'une prévôté, fait partie du ressort du bailliage établi à Bourmont par le roi en 1691.

JUSTICES SEIGNEURIALES DE LA LORRAINE.

Les justices les plus considérables sont :

La justice du chapitre de Remiremont,

Celle du chapitre de Saint-Diey,

Celles des abbayes de Senones, Estival et Moyenmoutier,

Celle du marquisat de Gerbéviller, à la maison de Tornielle,

Celle du marquisat de Removille, à la maison de Bassompierre,

Celle de la baronnie du Châtelet, à la même maison,

Celle du marquisat de Blainville, à la maison de Lenoncourt,

Celle du marquisat de Faulquemont, dans la Lorraine-Allemande, à la maison de Haraucourt,

Celle du marquisat de Ville-sur-Illon, qui appartenoit à la maison de Livron, vendue au Sr de Rinsart.

JUSTICES SEIGNEURIALES DU BARROIS.

La justice du comté de Ligny, à Mme la duchesse douairière de Luxembourg.

Celle de la terre et seigneurie de Pierrefite appartient à M. le comte de Lomont, de la maison du Châtelet.

Celle de la baronnie d'Ancerville à S. A. S. Monseigneur le prince de Condé, comme faisant partie de la succession de feue Mlle de Guise; on prétend que Monseigneur le prince l'a présentement cédée à Monseigneur le duc d'Orléans.

Celle de la baronnie de Thons appartient au marquis du Châtelet, colonel de cavalerie.

Celle du marquisat de Haroué, avec la seigneurie et baronnie d'Ormes, appartenoit autrefois à la maison de Bassompierre, vendue au feu sieur Boileve; elle est présentement en contestation entre les créanciers dudit sieur Boileve et Mme la comtesse de Crussol, mère de l'abbé Desroches.

Celle de la baronnie de *Beaufremont* ou Boisfroimont et de Tornielle, vendue, savoir : la moitié au sieur *Labbé*, ci-devant président de la cour des monnoyes à Paris, et président de la chambre des comptes de Lorraine à Nancy, et l'autre moitié à la famille du sieur d'Alençon, lieutenant-général au bailliage de Bar-le-Duc.

Celle du marquisat de Noviant appartient à la maison de Beauvau.

Celle de la baronnie de Villières à Mme la princesse de Lislebonne.

Celle du marquisat de Moigneville, qui appartenoit à Mme la maréchale de Vivone, et qui a été achetée par M. de Choisy, maréchal-de-camp et gouverneur de Saarlouis.

TERRES TITRÉES.

Il n'y a dans la Lorraine et dans le Barrois d'autres terres titrées que celles que l'on vient de nommer en parlant des justices ; les plus considérables sont :

Le comté de Ligny, la baronnie d'Ancerville, les marquisats de Removille et de Gerbéviller.

On ne parle point de la principauté de Salm, parce que c'est un fief de l'Empire, quoique enclavé dans la Lorraine, ni du comté de *Morhange*, par la même raison, ni pareillement de la terre et seigneurie de Commercy, dont les trois quarts appartiennent à Mme la princesse de Lislebonne, et l'autre quart au sieur Desarmoises, gentilhomme lorrain, parce qu'on a toujours prétendu que c'étoit une souveraineté indépendante, jusqu'à ce que, par arrêt de la chambre royale de Metz, du 15 avril 1680, elle a été déclarée domaine de l'évêché de Metz.

TERRES CONSIDÉRABLES.

Toutes ces terres, quoique d'une assez grande étendue, n'ont que peu ou point de mouvance féodale : tous les fiefs relèvent du prince.

Les autres terres les plus considérables après celles qu'on vient de marquer sont :

Dans la Lorraine :

Dombasle appartenant à la maison de Bassompierre.

Serres et *Lenoncourt* à la maison de Lenoncourt.

Neuvillers à M. le prince de Salm.

Bayon à Mme de Ludres.

Ludres et *Richardménil* au sieur de Ludres, son neveu.

Thiecourt à M. le duc d'Havré, de la maison de Croy en Flandre.

Acraignes au marquis d'Haraucourt.

Dalheim, dans la Lorraine-Allemande, au même.

Fléville, Essey, Saint-Max et *Dommartemont* au marquis de Beauvau.

Haussonville appartient au sieur Saffre de Haussonville.

Ligniville et *Vitel* à Mme la marquise de Caraglia, femme du marquis de Caraglia, gentilhommme piémontois, gouverneur de Nice pour M. le duc de Savoye; elle est fille et héritière du marquis de Senantes, gentilhomme françois, qui étoit établi en Savoie et qui possédoit ces terres du chef de sa femme.

Haraucourt, près Nancy, à la maison de Livron, dont il ne reste que Mme la marquise d'Haraucourt, douairière.

Valhey appartient au comte de Tornielle.

Savigny, Baudricourt et *Florémont*, à M. le marquis de Bassompierre-Baudricourt.

Goin appartient à M. le comte de Viange.

Dombrot et *Tantonville,* vendues sur la dame comtesse de Moncha, l'une au sieur Blair, président au parlement de Metz, et l'autre au sieur du Faure.

Parroy au sieur de Ficquémont.

Fontenoy, ci-devant à feu M. de Gournay, vendue par M. l'abbé de Gournay au sieur de Viarme.

Dédeling au marquis de Lenoncourt-Blainville.

Brémoncourt à la maison de Raigecourt.

Bérus au comte de Linden, de la maison d'Apremont.

Tumejus et *Vannes-le-Châtel* au sieur de Liguiville.

Et dans le Barrois :

Louppy-le-Château appartient à Mme la princesse de Lislebonne.

Sommelonne à M. le comte d'Estain, capitaine-lieutenant de la compagnie des gendarmes de Monseigneur le Dauphin.

Vaubecourt à M. le comte de Vaubecourt, lieutenant-général des armées du roi.

Les deux *Voutons* et *Genicourt* au sieur des Salles.

Cousance, vendue par l'abbé de Gournay au sieur le Moyne, président au parlement de Metz.

Laimont au marquis de Lenoncourt-Blainville.

Neuville appartient au sieur de Nettancourt.

Couvonge au sieur comte de Couvonge, de la maison de Stainville.

Friaville au sieur de Gournay.

Saint-Balmont au sieur Desarmoises.

Jaulny à un autre de la même maison.

Vignot à la dame comtesse de Vianges.

Bulgnéville au sieur marquis de Rortey.

Sartes, Pontpierre et *Sommerécourt,* appartenant ci-devant à la maison de Livron, vendues au sieur de Thiaucourt.

Martinvelle et *Regniéville* au sieur comte de Vianges.

Stainville, vendue par les créanciers de la maison de Lorraine au feu sieur Morel, maître de la Chambre-aux-Deniers.

Sorcy au marquis de Meuse, de la maison de Choiseul.

Kœurs à M. le marquis de Mouy.

La Grandville, près Longwy, au sieur marquis de Lamberty.

Fains, *Belrain* et *Hargville* au marquis de Beauvau.

Rosne et *Vavincourt* à M. d'Anglure d'Estoges, autrefois capitaine aux gardes, et à ses neveux.

DIOCÈSES.

Il n'y a dans les États du duc de Lorraine aucunes villes épiscopales; ils sont entièrement sous la juridiction spirituelle des évêques de Metz, Toul et Verdun.

Quelques paroisses du Barrois mouvant sont du diocèse de Châlons-sur-Marne.

Une partie du Barrois non mouvant, savoir : Longwy et les environs, sont du diocèse de Trèves.

Quatre ou cinq paroisses de la Lorraine et du Bassigny mouvant sont du diocèse de Langres.

Dix-huit ou vingt paroisses de Lorraine, du côté de la Franche-Comté, sont du diocèse de Besançon.

Et quatre ou cinq du côté de l'Alsace sont du diocèse de Basle ou Porentruy.

ABBAYES DE L'ÉTAT DE LORRAINE.

ABBAYES D'HOMMES ET LEURS REVENUS.

Ordre de Saint-Benoît.

Senones, en règle, vaut 10,000 livres.

Moyenmoutier, en règle, 5,000 livres.

Bouzonville, 3,000 livres.

Ordre de Citeaux.

Beaupré, en commende, 3,000 livres.
Clairlieu, en règle, 2,000 livres.
Hauteseille, en règle, 2,000 livres.
Viller-Betnach, en règle, 2,000 livres.
Stultzbronn, en commende, 2,000 livres.

Ordre de Prémontré.

Estival, en règle, 3,000 livres.
Bonfay, en règle, 1,500 livres.
Salival, en règle, 2,000 livres.

Ordre de Saint-Augustin.

Chaumousey, en règle, 4,500 livres;
Belchamps, en règle, 6,000 livres.
Domepvre, en règle, 3,000 livres.
Autrey, en commende, 2,000 livres.
Lunéville, en commende, 4,000 livres.

ABBAYES DE FILLES ET LEURS REVENUS.

L'abbaye séculière et chapitre des dames ou chanoinesses de Remiremont vaut 20,000 livres.

L'abbaye séculière d'Espinal 5,000 livres.

L'abbaye séculière de Bouxières, 2,500 livres.

L'abbaye séculière de Poussay, 2,000 livres.

Il y a dans ces trois dernières abbayes des chapitres séculiers et des chanoinesses comme à Remiremont.

Il faut faire, pour entrer dans ces quatre colléges, preuve de noblesse de seize quartiers, sans mésalliance, savoir : huit paternels et huit maternels.

L'abbaye de Remiremont est à présent possédée par Mme la princesse Dorothée de Salm, qui a beaucoup de mérite, aussi bien que Mme la princesse Christine de Salm, chanoinesse du même collége; elles sont sœurs du prince de Salm, gouverneur du roi des Romains.

Celle d'Espinal est possédée par Mme de Lenoncourt, sœur du comte d'Albert, autrefois premier écuyer de M. le duc de Lorraine.

Celle de Poussay est possédée par Mme de Grammont, seconde fille de M. le comte de Grammont, chevalier de l'ordre du Saint-Esprit.

Et celle de Bouxières par Mme de Moncha-Simianne, fille du feu comte de Moncha, qui a commandé autrefois les gendarmes de la reine-mère.

L'Estange, ordre de Citeaux, a 2,000 livres.

Vergaville, même ordre, 5,000 livres.

Fraulautern, ordre de Saint-Benoît, 2,000 livres.

ABBAYES DANS LE BARROIS.

ABBAYES D'HOMMES.

Saint-Mihiel, ordre de Saint-Benoît, en commende, vaut 20,000 livres.

Lisle-en-Barrois, ordre de Citeaux, en commende, 15,000 livres.

Les Vaux, même ordre, en commende, 4,500 livres.

Saint-Benoît-en-Voivre, même ordre, en règle, 4,000 livres.

Sainte-Marie, du Pont-à-Mousson, ordre de Prémontré, en règle, 4,000 livres.

Rangéval, même ordre, en règle, 2,000 livres.

Riéval, même ordre, en commende, 14 à 1,500 livres.

Jovillier, même ordre, en commende, 2,200 livres.

Mureau, même ordre, en commende, 3,000 livres.

Flabémont, même ordre, en commende, 3,000 livres.

Jendeure, même ordre, en commende, 3,000 livres.

ABBAYES DE FILLES.

Sainte-Hoïlde, ordre de Citeaux, 3,000 livres.

Les prieurés en Lorraine sont :
Nancy,
Saint-Nicolas (du Port),
Varangéville,
Lay (Saint-Christophe),
Froville,
Le Saint-Mont,
Romont,
Droiteval,
Landécourt,
Flavigny,
Neuviller,
Châtenoy,
Relange,
Le Pont-Saint-Vincent,
Rozières,
Bonneval,
Liepvre,
Mertzick,
Et Graventhal.

Les prieurés dans le Barrois sont :
Bar-le-Duc,
Le Breuil-les-Commercy,
Gondrecourt,
Rupt-aux-Nonains,
Sillemont,
Dieus'ensouvienne.

CHAPITRES DE LORRAINE.

Saint-Diey, fort ancien et le plus considérable de la province, composé d'un grand prévôt, d'un doyen, d'un chantre, d'un écolâtre et de 24 chanoines, a de 15 à 16,000 livres de rente, année commune.

Saint-Georges de Nancy, fondé par le duc Raoul en 1339, composé d'un prévôt et de 14 prébendes, a 4,000 livres de rente.

La Primatiale de Nancy, fondée par le duc Charles II (III), composée d'un primat, d'un doyen, d'un écolâtre, d'un chantre et de 13 chanoines, vaut 12 à 13,000 livres de rente, sans compter le revenu du primat qui a seul 6,000 livres de rente.

Vaudémont, peu considérable, a 2,000 livres.

Darney idem.

Blâmont, de peu d'importance, a 3,000 livres.

Deneuvre idem.

Haussonville, 6 ou 700 livres.

Hatton-Chatel idem.

Thélod, 3 à 400 livres.

Morienhoff idem.

CHAPITRES DU BARROIS.

Saint-Maxe à Bar-le-Duc, composé d'un doyen et 12 chanoines.

Saint-Pierre, dans la même ville, composé d'un doyen et de 10 chanoines, a 4,000 livres de rente.

Ligny, composé d'un doyen et 11 chanoines, 3,600 livres.

Lamothe, transféré à Bourmont, composé d'un prévôt et de 10 chanoines, a 4,000 livres.

Sainte-Croix du Pont-à-Mousson, composé d'un prévôt et de 6 chanoines, a 2,200 livres.

L'église collégiale de Saint-Georges de Nancy joint le palais du duc de Lorraine, et est, à proprement parler, sa chapelle.

Celle de Saint-Maxe de Bar-le-Duc joint de même le château dudit lieu.

Il y a une chapelle castrale fondée à Longwy par les ducs de Bar.

REVENU DES CURES.

Toutes les cures, tant de la Lorraine que du Barrois, sont d'un si modique revenu, qu'il n'y en a presque aucune qui ne soit réduite à la portion congrue.

CLERGÉ SÉCULIER.

Le clergé séculier n'est presque rempli que de sujets qui ne sont pas d'un grand mérite, et si l'on excepte le sieur Riguet, grand-prévôt de Saint-Diey, homme distingué par son savoir et sa vertu, mais qui est fort vieux, il n'y a aucun ecclésiastique qui soit fort recommandable. Le sieur Riguet a été précepteur de M. le duc de Lorraine, dernier mort; il a été employé pour lui à quelques affaires importantes, et particulièrement à solliciter son élection à la couronne de Pologne, lorsqu'après l'abdication du roi Casimir, le roi Michel Wiesnovisky fut élu (en 1669), pourquoy ledit sieur Riguet fut envoyé à Varsovie. Il s'est toujours appliqué à l'étude et a fait quelques ouvrages, surtout des dissertations historiques sur certains points qui regardent l'histoire ecclésiastique.

Dans le même chapitre de Saint-Diey, il y a un doyen qu'on dit avoir du mérite : il se nomme Le Bègue ; mais comme il est depuis longtemps en Allemagne, auprès de M. le duc de Lorraine, où il fait la fonction de secrétaire d'Etat, il n'est connu que d'un petit nombre de Lorrains.

Le sieur Fournier, prévôt de l'église collégiale de Nancy et abbé commendataire de Stultzbronn, est un bon ecclésiastique et homme sage.

On ne parle point de M. Savary, évêque de Séez, lequel possède encore la dignité de primat de Nancy et l'abbaye de l'Isle-en-Barrois ; il n'est point Lorrain et doit même quitter la primatiale aussitôt que le pape consentira à lui donner des bulles et que l'empêchement qui fait que l'on ne le considère point comme paisible possesseur, sera levé par la paix.

Le sieur de la Loubère, doyen de la même église primatiale et docteur en théologie de la Faculté de Paris, est aussi François : il n'a point de bulles et est en résolution de quitter si, par la paix, la ville de Nancy est restituée au duc de Lorraine.

Le sieur Thierry, chanoine de Saint-Diey et prieur de Froville, est un bon ecclésiastique et fort versé dans la connoissance des anciens titres, à quoi il s'applique beaucoup, étant actuellement employé à mettre en ordre et faire l'inventaire des titres et papiers du chapitre de Remiremont.

Le sieur Morison, chanoine de Saint-Pierre de Bar, et vicaire-général de M. l'évêque de Toul, est un ecclésiastique vertueux et digne de l'emploi que ce prélat lui a confié.

Entre les curés, le sieur Rabaumont, curé de Bar-le-Duc, est homme de vertus et de mérite.

Le sieur Phulpin, curé de Saint-Sébastien de Nancy, est homme savant.

Le sieur curé de Charmes mène une vie exemplaire et de piété.

Le sieur Boursier, curé de la paroisse de Saint-Mihiel, est aussi vertueux et rempli de piété.

Il y a quelques autres bons curés ; mais le commun et le plus grand nombre tient un peu des mœurs du clergé d'Allemagne.

Le clergé régulier l'emporte en général par-dessus le séculier. Toutes les maisons de l'ordre de Saint-Benoît sont réformées, et de la congrégation de Saint-Vannes et Saint-Hydulphe de Verdun; on y fait le service avec beaucoup d'édification, on y vit dans une grande retraite, on y étudie assidûment, on y fait des conférences sur l'histoire ecclésiastique et sur la théologie, et il s'y élève plusieurs jeunes religieux qui pourront être un jour utiles à l'Eglise : entre ceux-là, Dom Mathieu-Petitdidier, à présent prieur de St-Mihiel, a déjà donné au public trois volumes d'une critique savante sur le grand ouvrage du sieur Dupin, docteur de Paris, qui a pour titre : *La bibliothèque des auteurs ecclésiastiques*, etc.

POPULATION MONASTIQUE.

ORDRE DE SAINT-BENOÎT.

Les abbayes et les maisons de l'ordre de Saint-Benoît sont :

Saint-Mihiel, vingt-quatre religieux.
Le Breuil-les-Commercy, sept.
Bar-le-Duc, trois.
Le Pont-Saint-Vincent, deux.
Châtenoy, cinq.
Deuilly ou Morizécourt, quatre.
Le Saint-Mont, huit.
Senones, dix-huit.
Moyen-Moutier, treize.
Rozières, deux.
Saint-Nicolas (du Port), treize.
Nancy, sept.
Lay (Saint-Christophe), quatre.
Longueville, huit.

Bouzonville, huit.
Saint-Avold, dix.

La congrégation réformée de l'ordre de Prémontré est aussi remplie de bons religieux.

Cette réforme a commencé en Lorraine et toutes les maisons l'ont embrassée.

ORDRE DE PRÉMONTRÉ.

Les abbayes et maisons de l'ordre de Prémontré sont :
Saint-Joseph de Nancy, dix-huit religieux.
Rangéval, six.
Sainte-Marie du Pont-à-Mousson, dix-huit.
Estival, onze.
Riéval, quatre.
Bonfay, cinq.
Salival, sept.
Jovillers, sept.
Mureaux, huit.
Flabémont, six.
Jendeure, six.

Les abbayes et maisons de Saint-Bernard sont :
Saint-Benoît, quatre religieux.
Clairlieu, cinq.
Hauteseille, quatre.
Beaupré, quatre.
L'Isle-en-Barrois, dix.
Droiteval, un.

CHANOINES RÉGULIERS.

La réforme des chanoines réguliers de l'ordre de Saint-Augustin a aussi commencé en Lorraine; elle est due aux soins et au zèle du père Fourrier, curé de Mattaincourt et chanoine régulier, lequel étant touché du dérèglement de la plupart de ses confrères et des maisons de son Ordre, conçut le dessein de les réformer, en quoi il réussit heureusement. Il a aussi institué les religieuses, dites *de la Congrégation*, qui se sont beaucoup étendues et multipliées non seulement en Lorraine, mais dans tout le royaume. Le supérieur d'à présent, nommé Massu, est homme de probité et de mérite; son frère, abbé régulier de Belchamps, l'est aussi. Il ne faut pas omettre l'abbé régulier de Chaumousey, le seul homme de qualité de Lorraine qui ait embrassé l'état ecclésiastique depuis 50 ou 60 années, à l'exception de quelques jésuites; cet abbé est de la maison de Lenoncourt. Les maisons de l'Ordre de Citeaux ne ressemblent pas à celles de Saint-Benoît, de Prémontré et des Chanoines réguliers; elles auroient besoin d'un réformateur comme le père Fourrier.

Les maisons de chanoines réguliers sont :

Belchamps, onze religieux.

Chaumousey, quatre.

Lunéville, huit.

Autrey, sept.

Le Pont-à-Mousson, huit.

Vivier, deux.

CORDELIERS.

Quelques religieux cordeliers, pleins d'un zèle ardent, ont entrepris depuis peu d'établir dans toutes les maisons de Lorraine l'étroite observance et la pauvreté entière que saint François a pratiquée; cet ouvrage reçoit des contestations qui ne les rebutent pas, et ils méritent d'être soutenus.

Les maisons de cordeliers sont :

Nancy, trente religieux.
Le Neufchâteau, neuf.
Mirecourt, huit.
Rozières, sept.
Raon-l'Etape, sept.
Ligny, six.
Sainte-Marie-aux-Mines, cinq.

AUTRES RELIGIEUX.

Les Augustins, les Carmes déchaussés, les Minimes, les Capucins et les Dominicains vivent aussi fort exemplairement.

MAISONS D'AUGUSTINS.

Nancy, huit religieux.
Bar, huit.
Gerry-en-Barrois, quatre.

CARMES DÉCHAUSSÉS.

Nancy, trente-quatre religieux.
Gerbévillers, dix.
Le Pont-à-Mousson, quatorze.
Saint-Mihiel, onze.
Bar-le-Duc, douze.

MINIMES.

Nancy, douze religieux.
Bon-Secours, cinq.
Serres, cinq.
Lunéville, cinq.
Vézelise, trois.
Espinal, dix.
Bar-le-Duc, sept.

Saint-Mihiel, six.
Le Pont-à-Mousson, quatre.

CAPUCINS.

Nancy, trente-deux religieux.
Saint-Mihiel, vingt-un.
Bar-le-Duc, quatorze.
Ligny, quinze.
Le Pont-à-Mousson, dix-neuf.
Mirecourt, seize.
Remiremont, quinze.
Saint-Nicolas, quinze.
Espinal, quinze.
Le Neufchâteau, quatorze.
Saint-Diey, quatorze.
Charmes, douze.
Blâmont, onze.
Lunéville, douze.
Vézelise, douze.
Bruyères, onze.
Plombières, six.

DOMINICAINS.

Nancy, dix religieux.
Blainville, quatre.

ORDRE DE SAINT-ANTOINE.

Les maisons de Saint-Antoine méritent aussi d'être louées.

Il y a dans celle du Pont-à-Mousson neuf religieux.
Dans celle de Bar-le-Duc onze religieux.

JÉSUITES.

Les Jésuites ont au Pont-à-Mousson un très-grand collége

composé de plus de soixante religieux, dont plusieurs sont savants et habiles théologiens.

Ils ont à Nancy le noviciat de toute la province, appelée chez eux Province de Champagne, laquelle comprend la Champagne, la Bourgogne, même Auxerre et Sens, la Lorraine, les Trois-Évêchés et l'Alsace. Ils ont aussi dans la même ville de Nancy un collége; ils en ont :

Un à Bar-le-Duc,

Et un à Espinal.

Et deux hospices : un à Saint-Mihiel et un à Saint-Nicolas. Cet ordre est rempli de gens de mérite.

CHARTREUX.

Les Chartreux n'ont qu'une maison dans tout l'Etat de Lorraine. Le duc Charles III (IV) l'a fondée auprès de Nancy, peu de temps avant sa dernière sortie, et le roi a bien voulu, depuis l'année 1670, leur continuer une pension ou gratification de cinq mille livres par an pour les mettre en état d'achever et perfectionner leur église et tous les bâtiments de leur maison, qui sera une des plus belles chartreuses qu'il y ait dans l'Europe, tant pour l'agrément de sa situation que pour la grandeur et la régularité des bâtiments. Quoique, par la magnificence et la libéralité du roi, ces religieux aient touché, depuis 1670 jusque et compris l'année 1697, cent trente-cinq mille livres, et que l'argent ait été employé utilement, il faut encore plusieurs années de cette gratification de cinq mille livres pour mettre en état de perfection ce grand dessein que M. le duc de Lorraine avoit lui-même approuvé.

CARMES.

Outre les religieux ci-dessus marqués, il y a encore quelques maisons de Carmes mitigés, de Récolets et de religieux du Tiers-Ordre appelés Tiercelins, qui sont aussi dans l'Etat de Lorraine.

COMMUNAUTÉS DE FILLES.

Il y a, outre les abbayes ci-devant nommées, des monastères de la Visitation.

Nancy, quatre religieuses.

Au Pont-à-Mousson, vingt-cinq.

Deux maisons de Carmélites à Nancy. Dans l'une, dix-huit religieuses, et dans l'autre, vingt.

Une au Pont-à-Mousson, dix-neuf religieuses.

Au Neufchâteau, quinze.

Et à Saint-Mihiel, vingt-une.

MONASTÈRES DE LA CONGRÉGATION.

Nancy, dix-huit religieuses.

Saint-Mihiel, douze.

Le Pont-à-Mousson, dix-huit.

Lunéville, dix-sept.

Saint-Nicolas, dix-huit.

Le Neufchâteau, trente-deux.

Mirecourt, dix-sept.

Vézelise, treize.

Espinal, vingt-cinq.

ANNONCIADES BLEUES.

Nancy, dix-huit religieuses.

Espinal, dix-neuf.

Saint-Mihiel, vingt-neuf.

ANNONCIADES ROUGES.

Bar-le-Duc, vingt-sept religieuses.

Le Pont-à-Mousson, dix-huit.

Saint-Nicolas, onze.
Ligny, dix-sept.
Badonvillers, sept.

BÉNÉDICTINES, DITES DU SAINT-SACREMENT.

Nancy, trente religieuses.

RELIGIEUSES DE L'ORDRE DE SAINT DOMINIQUE, DITES PRÊCHERESSES.

Nancy, vingt-neuf religieuses.

CLARISTES OU RELIGIEUSES DE L'ÉTROITE-OBSERVANCE DE SAINT FRANÇOIS, COMME L'*AVE MARIA* DE PARIS.

Bar-le-Duc, trente-quatre religieuses.
Le Pont-à-Mousson, vingt-quatre.

RELIGIEUSES DU TIERS-ORDRE DE SAINT FRANÇOIS, DITES TIERCELINES.

Nancy, vingt-cinq religieuses.
Sion, neuf.
Bayon, neuf.
Foins, huit.

D'AUTRES FILLES DU TIERS-ORDRE DE SAINT-FRANÇOIS, HOSPITALIÈRES ET NON CLOITRÉES, DITES SOEURS GRISES.

Nancy, vingt-une.
Château-Salins, douze.
Lunéville, treize.
Ormes, dix-neuf.
Dieuze, treize.

CLARISTES MITIGÉES OU URBANISTES.

Le Neufchâteau, trente religieuses.
Bar-le-Duc, trente-quatre.

L'auteur du Mémoire a omis les religieuses ursulines qui avaient un monastère à Ligny, fondé en 1643 ou 1647 et qui a toujours prospéré. En 1790, ces religieuses étaient au nombre de trente-une. Ce fut dans ce monastère que se retira Louise de Poix de Candale, abbesse de Sainte-Glossinde, de Metz, qui ne voulut pas réformer son abbaye. On ignore la date de sa mort, mais elle vivait encore à Ligny le 8 juin 1694 : elle y était depuis l'année 1680 ou 1681.

Note tirée de la copie de M. l'abbé Comus, de Ligny.

NOBLESSE.

La noblesse de Lorraine, sous le nom d'ancienne chevalerie, s'est conservée depuis longtemps sans mésalliance, à quoi les colléges de Remiremont, Espinal et autres, dans lesquels chacun est bien aise de faire entrer des filles, n'y contribuent pas peu.

ANCIENNE CHEVALERIE.

On appelle ancienne *Chevalerie* la noblesse dont les ayeux ont été au voyage de la Terre-Sainte avec Godefroy de Bouillon dans les temps des croisades.

Il n'y a plus que quatre de ces familles qui subsistent par les mâles, savoir :

Châtelet,

Haraucourt,

Lenoncourt, et

Ligniville.

Plusieurs autres familles qui en descendent par femmes et qui sont anciennes et considérables, sont aussi censées de l'ancienne *Chevalerie* : ces familles sont :

Stainville, dont il y en a plusieurs branches.

Le comte de Couvonge, fameux par le testament de Mlle. de Guise qui l'avoit choisi pour être son fidèle commissaire, en est issu. C'est un parfait honnête homme; ses père et grand père ont toujours possédé des charges considérables à la cour des ducs de Lorraine.

La terre de Stainville en Barrois a passé par le mariage d'une héritière de cette maison dans celle de Salm, et ensuite par celui d'une héritière de Salm dans la maison de Lorne, dont les créanciers l'ont vendue au feu sieur Morel, maître de la Chambre-aux-Deniers.

Cette maison possède encore la terre de Couvonge en Barrois, et d'autres. Feu M. de Couvonge, lieutenant-général des armées du roi, tué au siége de Lérida, étoit le frère aîné de celui-ci.

Ludres, originaire du comté de Bourgogne, et qui prétend même descendre des anciens comtes de Bourgogne, a aussi depuis longtemps possédé des charges à la cour. Cette maison possède les terres de Ludres et de Richardménil. Mme de Ludres, autrefois une des filles d'honneur de la reine, et ensuite de Madame, est de cette maison; il ne reste de mâle que son neveu, âgé de 18 à 20 ans, et non encore marié, et un commandeur de l'ordre de Malthe, oncle de Mme de Ludres et grand oncle du jeune.

Tornielle, originaire d'Italie, du duché de Milan, et qui descend des anciens seigneurs de Novarre; le grand père est le premier qui se soit établi en Lorraine : il épousa l'héritière du Châtelet-Deuilly qui possédoit le marquisat de Gerbévillers et plusieurs autres terres : ce grand père, qu'on appeloit comte de Tornielli, fut grand-maître de l'hôtel et chef des finances, c'est-à-dire surintendant du duc Henry. Son fils, qu'on appeloit comte de Brione à cause des terres que cette famille possède encore dans le

Novarrois, a été son grand chambellan, et les deux enfants de celui-ci, l'un appelé marquis de Gerbévillers, mort depuis peu, et l'autre comte de Tornielle, ont été, l'un gouverneur de Nancy, et l'autre capitaine des gardes du duc Charles.

Beauvau, originaire d'Anjou, venu en Lorraine avec les princes d'Anjou, pendant qu'ils ont possédé cet Etat par le mariage de René d'Anjou, roi de Naples et de Sicile avec Isabelle, duchesse de Lorraine, fait en 1420.

Cette maison a eu l'honneur de donner à la maison royale de Bourbon-Vendôme, Isabelle de Beauvau, dame de Champigny et de la Roche-Guyon, cinquième ayeule du roi de mâle en mâle. Les branches qui subsistent en Lorraine y ont possédé et y possèdent encore des terres considérables : le marquisat de Noviant, Fléville et autres; elles ont possédé les principales charges de la cour des ducs.

Il ne reste de la branche de Beauvau-Noviant que Mme la comtesse de Viange qui n'a point d'enfans. De celle de Beauvau-Fléville reste le marquis de Beauvau, fils de celui qui a été gouverneur du dernier duc ou prince Charles de Lorraine, et ensuite de M. l'électeur de Bavière. Il a 59 ans et des enfants de deux lits, dont deux sont au service du roi, et un autre dans les troupes de M. l'électeur de Bavière; il a aussi un frère capitaine des gardes de S. A. Electorale.

Bassompierre, originaire d'Allemagne, établi en Lorraine pendant le dernier siècle, y possède les premières charges de l'Etat et plusieurs terres considérables dont elle en a encore une partie.

François de Bassompierre, maréchal de France, étoit de cette maison.

Il en reste deux branches, sçavoir : Bassompierre, marquis de Removille; l'aîné est mort depuis deux ans, et n'a laissé que deux petites filles et un garçon de 5 ans. Son frère, qui étoit fort avancé dans les troupes de l'Empereur, est devenu aveugle depuis peu de temps, ce qui l'a obligé de quitter le service. Et Bassompierre-Savigny ou Baudricourt : l'aîné de cette branche a environ 24 ans et sert dans les troupes du roi en qualité de capitaine de cavalerie au régiment d'Ourches, ci-devant Boufflers, et il a trois frères cadets dont l'un est son cornette.

Livron-Bourbonne, originaire de Dauphiné et établi en Lorraine, a possédé les plus grandes charges de l'Etat et les plus considérables terres du pays; le marquis de Bourbonne, fait chevalier de l'ordre du Saint-Esprit par le feu roi, en 1633, étoit de cette maison. Il ne reste en Lorraine que Mme la marquise d'Haraucourt qui étoit fille et héritière du marquis de Ville, frère aîné du marquis de Bourbonne, chevalier de l'ordre, et n'a point d'enfants.

Choiseul. Deux ou trois branches de cette maison originaire de Champagne sont établies en Lorraine : le marquis de Meuse est chef de l'une, le sieur d'Iche en fait une autre, et il y en a une troisième dans la Lorraine-Allemande.

Raigecourt, maison ancienne et considérable, consiste présentement en deux frères, tous deux mariés et ayant nombre d'enfants; l'aîné porte le nom de Raigecourt; il a été capitaine de cavalerie dans les troupes du roi, et a quitté le service; le cadet s'appelle *Brémoncourt*, et est capitaine de cavalerie dans le régiment de Vaillac. Il y avoit une autre branche de la même maison, dont il ne reste que Mme *Duc*, femme du chevalier Duc, gentilhomme piémontois, maréchal de camp et pendant un fort long temps colonel de cavalerie dans les troupes du roi, lequel demeure à Toul.

Feu M. de Raigecourt, père de ceux-ci, étoit du côté maternel, neveu du comte Fontaine qui commandoit l'infanterie espagnole à la bataille de Rocroy.

Armoises. Cette famille est aussi des plus anciennes et des plus distinguées de la Lorraine. Il en existe deux branches : l'une, composée de trois frères, dont deux sont mariés et demeurent à la campagne : l'un s'appelle des Armoises-Jaulny, et l'autre des Armoises-Commercy, parce qu'il a un quart dans la seigneurie de Commercy, dont les autres trois quarts appartiennent à Mme la princesse de l'Illebonne. Le troisième s'appelle Saint-Balmont; il est capitaine d'une compagnie dans le régiment royal des carabiniers.

L'autre branche est celle des Armoises-d'Aulnois ou Bouvigny. Le chef demeure à la campagne; il a épousé une dame flamande.

Lussebourg, ou *Lutzelbourg*, dans la Lorraine-Allemande, ancienne maison qui prétend être descendue des cadets de celle de Luxembourg; le père, qui est vieux, a été colonel de cavalerie dans les troupes du roi.

Apremont, c'est la maison d'où étoit sortie cette Demoiselle d'Apremont que le duc de Lorraine Charles III (IV) épousa en 1665, et qui, depuis sa mort, a épousé le comte de Mansfeld. Il ne reste personne de cette branche; mais il y en a d'autres ; celle d'Apremont, comte de Leyden dans la Lorraine-Allemande, et Apremont-Tillombois, près Saint-Mihiel.

Nettancourt, illustre maison du Barrois, ou plutôt de Champagne, car la terre de Nettancourt dont elle porte le nom et qu'elle possède encore, est le dernier village ou bourg de Champagne, du côté du Barrois. M. le comte de Vaubecourt, lieutenant-général des armées du roi, en est, mais la branche est substituée aux noms et armes de Haussonville-Vaubecourt, dont l'héritière avoit épousé son bisayeul, en sorte que, par cette raison, Jean de Nettancourt, baron d'Ormes, son grand père, fait par le feu roi chevalier de l'ordre du Saint-Esprit en 1633, avoit pris le nom de Vaubecourt. Il y a plusieurs autres branches de cette maison dans la Lorraine et dans le Barrois, *Nettancourt*-Neuville, Nettancourt-Nabecourt et autres.

Tantonville. Mme la comtesse de Moncha-Simiane, veuve du comte de Moncha-Simiane, qui a autrefois commandé les gendarmes de la reine, mère du roi, est la dernière de cette maison; elle possédoit les terres de Tantonville, Dombrot et autres; ceux de cette maison ont aussi rempli des charges considérables à la cour de Lorraine.

Saffre-Haussonville. Le feu baron de Saffre étoit maitre de l'artillerie du duc de Lorraine; son fils, qui porte le nom de *Haussonville*, parce qu'il en possède la terre, laquelle est entrée par femmes dans la maison de Saffre, sert dans les troupes du roi en qualité de capitaine au régiment Royal de cavalerie de Roussillon; il est marié en Lorraine et a épousé une demoiselle du Hautoy.

Salles, ancienne famille dont il y a deux branches principales : l'une dans le Barrois mouvant, possède les terres de Vouton, Genicourt et autres; le père n'a point servi, le fils a été capitaine de cavalerie dans le régiment de Boufflers et a quitté. On les appelle comtes des Salles. L'autre branche est celle du marquis de Rorté, dans la prévôté de Vaucouleurs, qui de tout temps a été de Champagne, bien qu'enclavée dans l'évêché de Toul et le Barrois, et a quitté le service avant la guerre présente.

Lambertye, originaire de Limousin; le père du marquis de Lambertye étoit lieutenant du roi au gouvernement de Nancy, et gouverneur de Longwy : il s'est marié en Lorraine et y a fait des acquisitions. Ses enfants y sont établis.

Gournay, famille nombreuse et ancienne; il y a trois branches : celle de feu M. de Gournay, lieutenant-général des armées du roi et gouverneur de Maubeuge, tué à la bataille de Fleurus, et dont le fils, colonel de cavalerie, a été tué à la bataille de Nervinde, étoit établi à Metz; il ne reste que l'abbé de Gournay, qui est prêtre. Les branches d'Estreval et Froville sont établies en Lorraine. Le roi a donné un régiment de cavalerie au fils aîné du sieur de Gournay d'Estreval. M. de Marcheville, autrefois ambassadeur à Constantinople sous le feu roi, étoit de cette maison.

Fiquelmont, famille ancienne; il y a deux branches, savoir : Fiquelmont de Malatour, qui demeure à Malatour, entre Metz et Verdun. Il n'a jamais servi. Et Fiquelmont de Parroy, qui demeure à Parroy, près d'Einville; il a servi autrefois dans les troupes du duc de Lorraine.

Ourches. Le fils du sieur d'Ourches est colonel de cavalerie au service du roi, ayant acheté le régiment de Boufflers; il sert à l'armée de Flandres et est estimé de M. le maréchal de Villeroy; c'est une famille ancienne.

Mitry est aussi du nombre des anciennes familles; il y en a trois branches peu accommodées, savoir : Mitry qui a été autrefois lieutenant des gardes du corps de feu M. le duc de Lorraine; il demeure chez lui; il est sourd. Son fils est allé servir en Hongrie. Mitry-Fauconcourt est pareillement allé servir les ennemis : et Mitry-Gripport; il n'en reste qu'une fille qui est mariée en Bretagne au sieur Champion de Cicé, fils d'un conseiller au parlement de Rennes.

Offlantz. Le comte de Wiltz, colonel d'un régiment de cavalerie au service du roi, est le chef de cette maison; il a épousé une sœur du marquis de Praslin, colonel du régiment royal de cavalerie de Roussillon.

Helmstadt dans la Lorraine-Allemande. Le chef de cette famille a épousé une sœur du comte de Poitiers, abbé de Cheminon en Champagne; il est capitaine de cavalerie dans le régiment de.....

Marle, famille originaire de Flandres; le père est mort depuis trois ou quatre ans, et a laissé plusieurs jeunes garçons qui commencent d'entrer dans le service.

Mauléon, famille originaire de Guyenne; il y en avoit deux branches en Lorraine : il ne reste plus que des filles, mariées en Allemagne de la branche d'Autigny; l'autre est de Mauléon-la-Bastide; le père, peu accommodé, demeure à Mazirot, près Mirecourt; le fils, qui étoit capitaine dans les troupes du roi, a passé chez les ennemis et sert en Hongrie.

Mercy : c'est la famille des généraux Mercy qui se sont distingués en Allemagne; le jeune baron de Mercy étoit capitaine de cavalerie dans les troupes du roi; il a passé aux ennemis; la terre de Mercy et ses autres biens sont situés près de Longwy.

Hunolstein dans la Lorraine-Allemande. Le baron de ce nom, colonel du régiment de milice de la Sarre, est de cette maison.

Bannerot. Le général Herbévillers, au service de l'empereur, est de cette maison. La terre de Herbévillers, dont il porte le nom et où sa mère demeure, est située entre Lunéville et Blâmont.

Vrécourt. Le nom de cette famille est Lavaux; il y a plusieurs frères qui ne sont point dans le service.

Tavagny. Mme de Grimaldy, veuve de M. Grimaldy, prince de Lixin, qui avoit épousé en premières noces la princesse de Phalsbourg, sœur du vieux duc de Lorraine, est de cette famille. Le lieutenant-colonel du régiment d'infanterie de Miroménil, ci-devant Boufflers, porte le même nom.

Les autres gentilshommes de remarque sont :

Rouxel, sieur *d'Aubigny*,

Fontelz,

Salins et

Lamezan.

Et pour revenir aux quatre familles qui restent de l'ancienne chevalerie de Lorraine et qui sont reconnues pour en descendre de mâle en mâle, celle *du Châtelet* est la plus étendue : il y en a différentes branches en France et en Lorraine.

M. le marquis du Châtelet, colonel de cavalerie et brigadier, qui a épousé une fille de feu M. le maréchal de Belfond, est chef de l'une. M. le baron du Châtelet de Thons, son père, étoit maréchal de Lorraine, il avoit épousé une sœur de M. le duc d'Aumont, mère du marquis du Châtelet.

Jean du Châtelet, baron de Thons, gouverneur de Langres, bisayeul du marquis du Châtelet d'aujourd'hui, fut fait chevalier de l'ordre du Saint-Esprit par le roi Henry III, à la promotion du 31 décembre 1585. M. le comte de Lomont, maréchal-de-camp, commandant à Dunkerque et colonel du régiment de Ponthieu, est aussi de cette maison ; il est pareillement arrière-fils de Jean du Châtelet, chevalier de l'Ordre ; et il a épousé l'héritière de Pierrefite qui est d'une autre branche de la même maison. M. le marquis de Pierrefite, père de Mme la comtesse de Lomont, étoit maréchal-de-camp et commandant à Metz, et avoit autrefois commandé le régiment d'infanterie de feu Monsieur le duc d'Orléans, oncle du roi, appellé régiment de l'Altesse. Il étoit fils du baron de Cirey, autrefois gouverneur d'Aigues-Mortes, et son frère aîné, qui s'appeloit marquis du Châtelet, commandoit le régiment de cavalerie de l'Altesse : cette maison prétend être descendue d'un cadet de Lorraine.

Lenoncourt, maison illustre par les deux cardinaux Robert et Philippe de Lenoncourt, oncle et neveu; le premier évêque de Metz, et le second archevêque de Rheims, commandeur de l'ordre du Saint-Esprit. Par un autre Robert, aussi archevêque de Rheims, oncle du dernier cardinal, et par plusieurs personnages de mérite, et entre autres le marquis de Lenoncourt, gouverneur de Lorraine, tué au siége de Thionville en 1643.

Il en reste deux branches en Lorraine, celle du marquis de Blainville, à présent colonel du premier régiment de milice de Lorraine, qui a épousé la nièce de la défunte *mère de Remiremont*, carmélite; elle est de la maison de Nettancourt, branche de Passavant; et celle du marquis de Lenoncourt de Serres, autrefois grand écuyer de Monsieur le duc de Lorraine, qui n'a qu'une fille mariée à M. d'Heudicourt, grand louvetier de France.

Les deux maisons du Châtelet et de Lenoncourt sont certainement les plus illustres de l'ancienne chevalerie de Lorraine.

Haraucourt. Cette maison, très-ancienne, est réduite au seul marquis de ce nom qui demeure à Dalheim, dans la Lorraine-Allemande, qui a épousé une nièce du défunt électeur de Trèves, du nom de Layen (Linange), et qui n'a point d'enfants; il avoit une sœur mariée au marquis de Bissy, chevalier de l'Ordre; elle est morte et n'a laissé qu'un seul fils qui est page de la chambre du roi, et qui sera héritier de tous les biens de la maison d'Haraucourt.

Feu M. le marquis d'Haraucourt père étoit maréchal de Lorraine; son père étoit gouverneur de Nancy : cette maison a toujours possédé des charges considérables. Il y en avoit plusieurs branches qui sont finies.

Haraucourt-Chambley est tombée dans la maison de Bassompierre. Une autre branche est tombée dans la maison de Livron par le mariage de l'héritière avec le marquis de Ville, père de Mme d'Haraucourt d'aujourd'huy, comme on a remarqué sur la maison de Livron.

Il y a dans le comté de Bourgogne une branche d'Haraucourt, mais très-pauvre et presque inconnue.

Les dames d'Haraucourt et de Malbert, chanoinesses de Remiremont, sont de la branche de Chambley.

Le marquis d'Haraucourt possède dans la Lorraine-Allemande le marquisat de Faulquemont et la terre de Dalheim, et dans la Lorraine françoise, Acraignes et autres terres.

Ligniville. Il y a plusieurs branches de cette maison, mais toutes peu accommodées. Les comtes de Ligniville, qui commandoient les troupes du feu duc de Lorraine en Flandres, quand les Espagnols le firent arrêter en 1654, étoient de cette maison.

Les branches qui restent sont *Tumejus*, *Vannes* et autres.

La terre de Ligniville, dont la maison porte le nom, a passé depuis longtemps par femmes dans d'autres maisons, et présentement elle appartient, comme on l'a dit ci-devant, à l'héritière du marquis de Senantes, mariée au marquis de Caraglia, piémontois, gouverneur de Nice pour M. le duc de Savoie; elle avoit épousé en premières noces le comte de Chalan de la maison de Lenoncourt, frère aîné du comte d'Albert; elle avoit eu de ce premier mariage un fils appelé le comte de Chalan, tué à la bataille de La Marsaille, dans les troupes de Savoie; et une fille qui est mariée au marquis de Palestrin, Génois de la maison de Caretto, qui demeure auprès du duc de Savoie.

Les maisons d'ancienne chevalerie, qui sont finies depuis quelque temps, sont :

Florinville, tombée en partie dans la maison de Beauvau-Fléville, et en partie dans celle de Choiseul-Meuse. Il ne reste du nom que Madame l'abbesse de Sainte-Marie de Metz, abbaye séculière de chanoinesses ; elle est fort vieille.

Dommartin, tombée dans la maison de Bassompierre.

Haussonville, tombée en partie dans la maison de *Nettancourt*; pourquoi M. le comte de Vaubecourt porte le nom et les armes d'Haussonville, et en partie dans la maison de Saffre.

Marcossey, tombée dans la maison d'Haraucourt en Lorraine et en partie dans les maisons d'Huxelles et de Cussigny-Viange dans le duché de Bourgogne.

Savigny est présentement dans la maison de Bassompierre; il n'y a plus en Lorraine personne du nom de Savigny, mais MM. d'Estoges, en Champagne, substitués aux noms et armes d'Anglure-Estoges, viennent de Lorraine et sont de la maison de Savigny : le maréchal de Rosne, du temps de la Ligue, fait maréchal de Lorraine par Charles de Lorraine, duc de Mayenne, étoit de cette famille.

Salm. Maison et terre. Il ne faut pas passer cet article sans parler de la maison de Salm ou des Rhingraves, car c'est à présent la même, d'autant plus que la terre et ancien comté de Salm, est presque toute enclavée dans la Lorraine, et que le roi, comme étant aux droits de M. le duc de Lorraine, possède la moitié de cette terre, laquelle moitié s'appelle présentement *Comté de Salm*, l'autre moitié s'appelle *Principauté*.

L'ancien comté de Salm est un comté d'Empire sur lequel les ducs de Lorraine n'avoient aucun droit. On prétend que l'ancienne maison de Salm, à présent éteinte, étoit descendue des cadets de Luxembourg, qui eurent en partage la ville et le château de Salm en Ardennes, et qu'un cadet de ces seigneurs de Salm en Ardennes eut par succession, partage ou autrement, les terres situées entre l'Alsace et la Lorraine, qu'on appelle aujourd'hui comté et principauté de Salm, et ayant bâti le château et la ville de Badonvillers, chef-lieu de ces terres, elles furent appelées de son nom *comté de Salm*, et lui et ses successeurs les ont tenues et relevées de l'Empire, jouissant des droits régaliens comme tous les comtes de l'Empire; cette histoire est assez vraisemblable.

Jean, comte de Salm, maréchal de Lorraine et gouverneur de Nancy, et Paul, aussi, comte de Salm, sont les derniers du nom de Salm. Jean n'eut qu'une fille, nommée Christine de Salm, qui épousa François de Lorraine, comte de Vaudémont, frère du duc Henry et père du duc de Lorraine Charles III (IV).

Paul n'eut pareillement qu'une fille qui épousa le Rhingrave, ou comte sauvage du Rhin, duquel descend la maison de Salm d'aujourd'hui.

En 1598, Jean, comte de Salm, et Frédéric Rhingrave partagèrent la terre de Salm, dont la moitié échut au Rhingrave, ayant été érigée en principauté par l'empereur Ferdinand IV, fait aujourd'hui la principauté de Salm, qui appartient au prince de ce nom, gouverneur du roi des Romains, lequel avoit épousé en premières noces une princesse palatine, sœur de Mme la princesse de Condé, dont il y a un fils et des filles.

Mme l'abbesse de Remiremont et Mme la princesse Christine de Salm, dont on a ci-devant parlé, sont sœurs du prince de Salm, gouverneur du roi des Romains.

Il y a dans la Lorraine-Allemande ou dans les terres d'Empire qui joignent le Palatinat plusieurs branches de la famille des Rhingraves, savoir : les Rhingraves de

Haun,
Grombach,
Estaing,

Et ceux de *Morhange* ou *Kirbourg*. La dernière est finie, et il ne reste que la veuve, laquelle est fille du feu prince palatin de Valdentz ou la Petite-Pierre.

Les comtes de Salm ont toujours tenu un rang considérable auprès des ducs de Lorraine, et on rapporte qu'autrefois, quand les ducs de Lorraine assembloient les Etats de leur pays, il y avoit une séance distinguée et même au-dessus de l'ancienne chevalerie, pour ce que l'on appeloit les *Hauts-Hommes,* au nombre desquels étoient les comtes de Salm, ceux de Créange et de Morhange.

Le banc ou les siéges de ces hauts hommes étoient sur le même *Haut-Dais* que le prince, et de là est venu le mot de *Hauts-Hommes.*

Autour du *Haut-Dais* étoient les places de l'ancienne chevalerie, ensuite celles des gentilshommes, c'est-à-dire des nobles de quatre races qui avoient obtenu du prince des lettres de gentillesse.

Les nobles qui avoient moins de quatre races venoient après, et enfin les anoblis étoient les derniers, en sorte que la noblesse étoit distinguée en cinq classes, savoir :

Les hauts-hommes,
Les anciens chevaliers,
Les gentilshommes,
Les nobles,

Et les anoblis.

En général, toute la noblesse de Lorraine n'est pas riche, les plus puissants, au nombre de deux ou trois, ont 10 à 12,000 livres de rente, dix ou douze autres ont depuis 4,000 jusqu'à 6,000 livres de rente, et le reste au-dessous de 4,000 livres.

MAGISTRATURE.

La magistrature des villes est fort avilie par le grand nombre de petits officiers qu'on a créés depuis le commencement de la guerre présente, ce qui fait que les honnêtes gens n'y veulent plus entrer.

Auparavant cela, le corps de ville de Nancy, celui d'Espinal, celui de Bar-le-Duc et quelqu'autres se soutenoient assez en donnant une grande application à la police, aux affaires des villes et à la distribution du logement des gens de guerre.

Tous ces petits officiers nouvellement créés dans les maisons de ville, soit maires, assesseurs, commissaires, receveurs et greffiers, ont si peu de talents, de crédit et de biens, qu'ils ne méritent pas qu'on entre en aucun détail sur leur chapitre.

On a ci-devant parlé de la fertilité de la Lorraine et de la culture des terres en général, on ajoutera encore qu'elles sont partout bien labourées et en bon état, nonobstant le petit nombre des habitants.

MANUFACTURES.

On ne trouve point dans la Lorraine et dans le Barrois de ces grandes manufactures comme il y en a dans plusieurs provinces du royaume, nulle manufacture de soie ; néantmoins, le duc Charles III (IV) voulut en établir une à Nancy, et avoit même commencé l'établissement quand il sortit de ses Etats en 1670.

Les manufactures de draperie sont si peu considérables, qu'à peine les connoit-on; cependant on fait quelques draps grossiers des laines du pays, à Saint-Nicolas et à Sainte-Marie-aux-Mines.

On fait à Nancy quelques tapisseries de laine d'une manière peu différente de la bergame; c'est encore peu de chose.

A Mirecourt, à Vézelise, au Neufchâteau et dans les villages circonvoisins, on fait depuis longtemps des dentelles de fil; elles sont grossières; elles ont du débit particulièrement en Espagne, et c'est la plus considérable manufacture de Lorraine. Quelques particuliers se sont enrichis à porter d'abord eux-mêmes et ensuite à envoyer de ces dentelles en Espagne: on remarque entre autres le feu sieur Diet, du Neufchâteau, qui avoit marié une fille à M. Potet de la Bertinière, maître des requêtes; une autre au sieur Labbé, autrefois président à la Cour des Monnoyes à Paris, et ensuite secrétaire d'Etat du duc de Lorraine et président de la Chambre des Comptes de Nancy. On remarque aussi le feu sieur Sallet, de la même ville du Neufchâteau, beau-frère de M. Diet; il étoit trésorier de M. le duc de Lorraine en 1670. Il est bon d'ajouter que les sieurs Diet et Sallet, après avoir acquis un certain bien par le commerce de dentelles en Espagne, entrèrent dans des commerces plus considérables et particulièrement dans celui des Indes. Présentement il y a quelques marchands de Mirecourt et du Neufchâteau qui font ce commerce de dentelles en Espagne, mais ils ne paroissent pas encore puissants et riches.

On estime que la manufacture des dentelles peut occuper 5 à 600 filles ou femmes.

On fait en Lorraine beaucoup de toiles, tant toiles de

ménage que toiles d'étoupes, treillis et autres, propres pour faire des sacs à porter des grains et de la farine, de quoi la guerre fait une grande consommation pour les vivres et pour les avoines de provisions nécessaires pour la subsistance de la cavalerie, aux sièges et en d'autres occasions.

Ces toiles servent pour des matelas et paillasses aux garnisons, aux hôpitaux et au menu peuple.

Comme il y a beaucoup de moutons et de brebis dans la Lorraine, il y a aussi beaucoup de laines, dont la plus grande partie sert pour Liège et du côté de la Champagne.

Dans les montagnes des Vosges, plusieurs paysans sont occupés aux *scieries* des planches, et d'autres à les conduire et faire flotter sur la Moselle et la Meurthe à Nancy et à Metz. On appelle les trains de ces planches des *voiles*, et ceux qui les conduisent des *voileurs*.

Il y a quelques moulins à papier.

Des tanneries.

Des fabriques de chapeaux de poils de lapins, comme ceux de Caudebec, mais moins bons.

Des corderies, des fabriques de clous et des manufactures de bas et bonnets de laine au tricot.

Tout cela peu considérable et répandu en différents endroits du pays.

Le seul art ou manufacture à laquelle les Lorrains excellent, est la fonderie; ils sont en possession de cela depuis longtemps, surtout ceux des villages de Levécourt, Outremécourt et Brévanne, dans l'Office de Bourmont et autres circonvoisins.

Les fondeurs de ces villages vont par toute l'Europe travailler à fondre des cloches et des canons.

Plusieurs Lorrains sont employés dans les fonderies et

arsenaux du roi, et pendant un fort long temps, il y a eu à l'arsenal de Paris des maîtres fondeurs très-habiles nommés Chaligny, qui étoient Lorrains. Comme il n'y a point eu ou peu de manufactures, il y a aussi peu d'ouvriers qui sortent du pays pour aller se former ailleurs.

On ne voit pas que les Lorrains sortent volontiers de leur pays, si ce n'est ceux qui vont à la guerre dans le service des troupes; ils ont de quoi vivre chez eux; ils ont été peu chargés d'impositions pendant que leurs princes les ont gouvernés; ils en sont beaucoup plus chargés sous la domination du roi; mais Sa Majesté dépense aussi beaucoup dans le pays, tant pour la subsistance du grand nombre de troupes qu'elle y tient pendant les quartiers d'hiver, que pour les vivres de ses armées pendant les campagnes; ce qui donne occasion aux paysans de vendre leurs denrées et même assez chèrement, et leur procure aussi le moyen de gagner de l'argent par des voitures pour les vivres dans le temps qu'ils n'ont rien à faire dans leurs villages. Or, la grande dépense que le roi a faite et fait tous les jours met les paysans en état de payer assez facilement ce que Sa Majesté tire d'eux, soit pour la subvention, ustensiles et autres impositions, soit pour les affaires extraordinaires, converties en impositions sur le général du pays; ce qui a été souvent pratiqué depuis le commencement de la guerre, en sorte que ni avant toutes les révolutions du pays et l'éloignement de ses princes, qui dure depuis plus de 60 ans, si l'on excepte les sept ou huit ans que Charles III (IV) a été dans ses Etats, depuis la paix des Pyrénées jusqu'à sa sortie en 1670, ni depuis ces révolutions, les Lorrains n'ont jamais été sur le pied et dans l'usage de quitter leur pays tous les ans et leurs habitations pour aller chercher chez les étrangers de quoi faire vivre leurs femmes et leurs enfants et payer les charges qu'on leur demande dans leur propre pays.

On a ci-devant remarqué, en parlant de la situation des Etats de Lorraine, qu'ils sont fort éloignés de la mer; par conséquent point de ports.

On a parlé aussi des rivières navigables; il n'y en a aucune qui puisse apporter rien à la Lorraine, au moins en descendant, car elles y prennent leurs sources et ne sont navigables que quand elles en sortent.

On ne voit dans ce pays aucun abord d'étrangers; nul commerce ne les y attire.

Il seroit commode pour les négocians de Hollande et des Pays-Bas catholiques, même pour les Anglois, de faire passer par la Lorraine les soies et autres marchandises qu'ils tirent d'Italie et du Levant, même de Suisse et d'une partie de l'Allemagne, d'autant plus qu'ils auroient la facilité de la navigation de la Meuse en embarquant ces marchandises à Verdun; et même celles de la Moselle et du Rhin, en embarquant ces marchadises à Metz; mais, jusqu'à présent, ils ne l'ont point fait, soit que les ducs de Lorraine ne l'aient pas permis, soit que les grands droits et péages qui se lèvent sur les rivières et particulièrement sur le Rhin, dans les différentes dominations sur lesquelles ils passent les en aient empêchés. Peut-être aussi qu'en France on a été bien aise que ce passage demeurât fermé, afin que les Hollandois et Anglois fussent obligés de se servir de la mer en passant le détroit de Gibraltar, ce qui est un grand sujet de profiter de la liberté du transit ou passe-debout, sans payer aucun droit qu'on a bien voulu leur accorder pendant la paix; ce qui est toujours utile au royaume par l'argent que les rouliers et voituriers en retirent.

Le feu duc de Lorraine, de retour dans ses Etats après

la paix des Pyrénées, avoit bien compris l'utilité que ses peuples pouvoient tirer de ce passage, et lui ou ses officiers prirent des mesures pour l'établir et en même temps une poste réglée de Bruxelles en Italie, passant par la Lorraine. On prétend qu'il y fut traversé par des ordres secrets de la Cour.

Tout ce qui a été dit ci-devant marque assez que les articles du *Mémoire* ou projet concernant le commerce maritime, les matelots, la pêche et les étrangers que ce commerce attire, ne conviennent point aux Etats de Lorraine.

Il est sans difficulté qu'avant l'année 1632 et l'entrée des Suédois en Lorraine, ce pays étoit plus peuplé qu'il ne l'est à présent. On estime et on prouve même par les anciens registres, rôles, comptes et autres enseignements, qu'il y avoit alors dans la Lorraine trois fois autant de peuple et d'habitants qu'il s'en trouve aujourd'hui. L'invasion des Suédois dépeupla toute la campagne; les chefs de familles, errants et chassés de chez eux, moururent de misère, et quoique sous la domination du roi, la Lorraine se soit beaucoup rétablie, le nombre des habitants est encore fort éloigné de celui qu'on trouve en 1630 et 1631, et auparavant.

DES RELIGIONNAIRES.

Les ducs de Lorraine n'ont jamais souffert de protestans, luthériens, calvinistes, ni autres dans leurs Etats. Il y en avoit néantmoins dans le Barrois cinq ou six familles venues de Champagne dans les derniers temps; elles se sont retirées depuis qu'en France l'édit de Nantes a été révoqué et qu'on a détruit les temples situés sur la frontière de Champagne où elles alloient ordinairement.

On a jugé à propos de finir ce Mémoire par quelques

observations sur l'étendue des Etats et la forme de gouvernement avant le règne du duc Charles III (IV), qui a mis et entretenu son pays dans le trouble, le désordre et la combustion, sur les conseils des ducs de Lorraine, leurs finances et revenus, leur autorité quant au spirituel, la collation des bénéfices, les grands et petits officiers de leurs Maisons, les maréchaux de Lorraine et Barrois, les troupes qu'ils entretenoient, leurs places de guerre et leurs maisons de plaisance.

ÉTENDUE DU PAYS.

Pour l'étendue de la Lorraine, elle étoit considérable du temps que les ducs possédoient le comté de Clermont, les places de Stenay et de Dun sur la Meuse, ensemble celle de Jametz et toutes leurs dépendances, que le duc Charles a cédées au feu roi par le traité fait à Paris le 29 mars 1641; la place de Sierck sur la Moselle et trente villages aux environs : la moitié de Moyenvic; partie de Marville et la prévôté de Malatour; la route de Metz à Verdun, Sarrebourg, Phalsbourg et la route de Metz en Alsace; le tout cédé par le traité du dernier février 1661, et enfin la place de Marsal remise au roi, suivant le traité fait à Nomeny, le 1er septembre 1663.

Mais cette étendue se trouvoit entrecoupée par les trois évêchés de Metz, Toul et Verdun, qui ne relevoient que de l'Empire et n'avoient rien de commun avec la Lorraine; par des fiefs de l'Empire, comme le comté de Salm, le comté de Sarrebruck, Morhange, Créange et autres; par la petite place de Moyenvic, partagée entre l'Empire et la Lorraine, et dans laquelle il y a eu garnison impériale, jusqu'à ce que le feu roi la prit; par la place de Thionville et sa prévôté qui appartenoit au roi d'Espagne jusqu'à la conquête que feu M. le prince Louis de Bourbon en fit en 1643, après avoir gagné la bataille de Rocroy; par des terres prétendues indépendantes, comme la seigneurie de Commercy; par la prévôté de Vaucouleurs et quelques villages qui de tout temps ont été de Champagne; enfin par quelques enclaves d'Alsace et de Franche-Comté.

FORME DU GOUVERNEMENT.

Quant à la forme du gouvernement, il faut observer en premier lieu que, jusqu'en l'année 1542, la Lorraine et le marquisat du Pont-à-Mousson, ou Barrois non mouvant étoient assez censés et réputés membres de l'Empire; que les appellations des bailliages alloient à la Chambre impériale de Spire, et que les ducs de Lorraine étoient cités et mandés à toutes les diètes et assemblées impériales; même tenus de contribuer à toutes les impositions et levées faites pour la sûreté commune et la défense de l'Empire.

A la vérité, ils prétendoient n'être soumis à l'Empire qu'à raison de quelques fiefs par eux possédés, comme le comté de Blâmont. Mais le corps de l'Empire prétendoit le contraire, et que toute la Lorraine et le marquisat du Pont-à-Mousson étoient membres de l'Empire. Enfin, en 1542, Antoine, duc de Lorraine, fit à Nuremberg un traité avec Ferdinand, roi des Romains, au nom de l'empereur Charles-Quint, son frère, par lequel le duché de Lorraine fut reconnu pour une principauté souveraine, libre et détachée, et le duc, pour lui et ses successeurs, s'obligea de contribuer jusqu'à la concurrence des deux tiers de la cote-part d'un électeur, à toutes les levées et impositions qui seroient faites pour la paix, l'entretien et la sûreté de la généralité de l'Empire; et en outre le duché de Lorraine et les sujets d'icelui furent exempts et affranchis de tous autres mandements et juridiction de l'Empire.

Depuis le traité de 1542, les appellations des bailliages de Lorraine n'ont plus été relevées à la Chambre impériale de Spire. En second lieu, l'autorité des ducs de Lorraine dans leurs Etats a toujours été en quelque manière dépendante des *Assises* ou assemblées de l'ancienne chevalerie dans chacun des trois bailliages de Nancy, de Vosge et d'Allemagne, et de l'assemblée des *Trois-Etats*, sans le consentement desquels ils ne pouvoient faire aucunes levées ni impositions.

Au surplus, la forme du gouvernement est monarchique et successive. La succession a passé dans la maison d'Anjou, prince du sang de France, par le mariage d'Isabeau, fille et héritière de Charles Ier (II), duc de Lorraine, avec René d'Anjou, roi de Sicile, en 1430.

Ce mariage causa une guerre entre René d'Anjou et Antoine de Lorraine, comte de Vaudémont, neveu de Charles Ier (II), lequel Antoine prétendit que la Lorraine étoit un fief masculin. Il y eut une bataille donnée à Bulgnéville le 2 juillet 1431, que René perdit; cependant il demeura en possession de l'Etat de Lorraine, et lui et sa postérité l'ont tenu jusqu'en l'an 1473, que Nicolas d'Anjou, duc de Lorraine, étant mort sans enfants, Ferry de Lorraine, comte de Vaudémont, fils d'Antoine, lequel Ferry avoit épousé Iolande d'Anjou, fille de René, succéda; et alors l'Etat rentra dans la maison de Lorraine, où il est resté.

En l'année 1622, Henry, duc de Lorraine, n'ayant que deux filles, maria Nicole, l'aînée, avec Charles, fils aîné de François, comte de Vaudémont, son frère; c'est celui que les Lorrains appellent Charles IV, et les François Charles III.

Par le contrat de mariage de Charles avec Nicole, le duc Henry fit stipuler que tous les actes seroient intitulés des noms de Charles et de Nicole, et que la monnoye seroit marquée des deux effigies, afin que Charles reconnût par là qu'il tenoit l'Etat du chef de sa femme. La chose fut exécutée pendant quelques années; mais François, comte de Vaudémont, et Charles, son fils, s'avisèrent de faire paroître un prétendu testament du duc René de Lorraine, mort en 1508, lequel jusque-là n'avoit point paru : qui substituoit l'Etat aux mâles, à l'exclusion des femelles; après quoi les Etats du pays assemblés reconnurent François pour légitime successeur et héritier du duc Henry, son frère, et François, qui agissoit de concert avec Charles, son fils, lui fit solennellement une démission de l'Etat et de ses droits.

Comme Charles n'a point eu d'enfants de la princesse Nicole, les droits successifs sont retournés à la postérité du duc Henry en la personne de Charles de Lorraine, général des armées de l'Empereur, mort en 1690, lequel étoit fils du prince Nicolas-François et de la princesse Claude, fille puinée du duc Henry. Pour le duc Nicolas-François, qui avoit été cardinal avant son mariage, il étoit frère du duc Charles et second fils de François, comte de Vaudémont.

CONSEIL DES DUCS.

Les ducs de Lorraine Charles II (III) et Henry avoient leur Conseil d'Etat pour les affaires étrangères et celles de la guerre, et un conseil des parties pour les affaires de la justice.

Le Conseil d'Etat étoit composé du grand-maître de l'hôtel et des principaux officiers du prince.

Le Conseil privé ou des parties étoit composé d'un chef, qui étoit homme d'épée, de plusieurs conseillers d'Etat (le nombre n'en étoit pas fixe, et il y en a eu jusqu'à trente) et de quatre maîtres des requêtes.

Il n'y a jamais eu de chancelier en Lorraine; le plus ancien des quatre secrétaires d'Etat gardoit le grand sceau, et chaque secrétaire d'Etat avoit un petit scel appelé le *scel-secret*.

Les secrétaires d'Etat n'avoient point de départements séparés, le prince les employait comme il vouloit et aux choses qu'il jugeoit à propos.

Le conseil d'Etat s'assembloit quand il plaisoit au prince, et il n'y avoit point de jour réglé.

Le Conseil privé s'assembloit tous les jours, et le prince y assistoit rarement.

FINANCES.

Les deux Chambres des Comptes de Nancy et de Bar avoient l'administration des finances, quoiqu'il y eût un chef des finances dont l'autorité ne consistoit qu'à assister au Conseil d'Etat, dans lequel les levées extraordinaires étoient résolues, et pareillement à l'audition des comptes du trésorier général.

Le compte étoit composé des fermes, des salines et autres et des comptes particuliers.

Le trésorier général payoit les dépenses, soit de la maison du prince, soit des troupes, sur les mandements que le prince signoit de sa main, et qu'un secrétaire d'Etat contresignoit.

En 1607, du temps du duc Charles II (III), les salines de Lorraine rapportoient 705,285 francs barrois de 8^s 6^d chacun; toute la recette générale du trésorier général, au compte de 1607, montoit à 1,364,854 francs, et la dépense à 1,378,539 francs. Au compte de 1669 (c'est l'année qui a précédé la sortie du duc Charles III ou IV), la recette monte à 1,994,229 francs, scavoir :

Les salines...........................	92,000 fr.
La monnoye	5,000
Les salpêtres........................	8,000
Les impôts et domaines affermés.......	532,336
Les non affermés, savoir :	
Au bailliage de Nancy.................	25,662
Au bailliage de Vosges................	29,160
Au bailliage d'Allemagne.............	4,786
Et dans les terres et seigneuries non comprises dans ces trois bailliages, comme :	
Vaudémont) .... Blâmont... }	17,632
Le grand scel........................	1,814
Les gruries..........................	19,257
L'octroi du duché de Lorraine..........	279,159
L'octroi du duché de Bar..............	114,420
Recette extraordinaire................	37,000

La dépense de ce même compte de 1669 fut, savoir :

La maison du prince	125,129
Censives et rentes...................	2,255
Bâtiments et réparations..............	21,049
Gages et pensions de gentilshommes et oficiers de l'Etat........................	58,748
Fondations et aumônes...............	20,332
Cavalerie et infanterie................	452,546
Voyages et messageries...............	3,787
Marchandises........................	3,384

A l'apothicaire.....................	500
Deniers de reprises.................	17,048
Remises sur l'octroi................	58,503
Payé par mandements...............	1,165,605

Par le détail ci-dessus, on voit qu'en 1669 feu M. le duc de Lorraine ne tiroit pas plus de 800,000 livres monnoye de France, de tous ses Etats. Cependant le roi en tire présentement plus que le double; la raison est que Sa Majesté y dépense à proportion pour ses troupes, ce qu'un duc de Lorraine ne peut faire.

L'AUTORITÉ DES DUCS QUANT AU SPIRITUEL.

L'autorité des ducs de Lorraine, quant au spirituel, a toujours été fort bornée, et on a déjà dit qu'ils n'ont point de ville épiscopale dans leurs Etats; toutes les abbayes ont toujours été en règle, et électives ou possédées par des cardinaux; ils ne nomment point aux dignités et aux prébendes du chapitre de Saint-Diey, le plus considérable de leurs Etats; le pape a droit de les conférer pendant huit mois, et le chapitre pendant les quatre autres, en sorte qu'il n'y a que le chapitre de Saint-Georges de Nancy dont les dignités et prébendes soient à la collation du duc comme étant de fondation ducale; et pareillement celles du chapitre primatial de la même ville de Nancy. Ce chapitre primatial n'a été fondé qu'en 1602, comme on a ci-devant remarqué; et l'occasion de cette fondation est que le duc Charles II (III), prince habile, conçut le dessein de soustraire ses Etats de la juridiction spirituelle des trois évêchés de Metz, Toul et Verdun; et pour cela, de faire ériger un archevêché à Nancy et deux évêchés, l'un à Saint-Diey pour la Vosge, et l'autre à Saint-Mihiel pour le Barrois; dans ce dessein, il établit à Nancy ce chapitre, qui devoit être celui de l'église métropolitaine, et lui fit donner le revenu de plusieurs pricurés et autres bénéfices.

Le revenu du grand-prévôt de Saint-Diey, première dignité de ce chapitre, devoit être donné au nouvel évêque, et les revenus, tant de l'abbé que des religieux bénédictins de Saint-Mihiel, devoient composer celui de l'évêque et des chanoines, en faisant séculariser cette abbaye.

Le duc Charles avoit commencé d'agir à Rome pour cette érection, qu'il prétendoit faire précéder par celle d'un évêché à Nancy seulement, quand le cardinal d'Ossat, qui faisoit à la cour de Rome les affaires du roi Henry IV avant son absolution, en eut avis, et en ayant informé Sa Majesté par le canal de M. de Villeroy, secrétaire d'Etat, il reçut ordre de s'opposer fortement à cette érection pour l'intérêt des trois évêchés de Metz, Toul et Verdun, et de la couronne de France, qui conserve toujours une espèce de supériorité sur la Lorraine pendant que le pays est soumis à la juridiction spirituelle des trois évêchés.

Les offices et instances du cardinal d'Ossat produisirent l'effet que le roi en devoit attendre. Le duc de Lorraine ne put obtenir l'érection, et le pape Clément VIII, pour le consoler, érigea le chapitre de Nancy avec le titre de primat pour la première dignité, comme aussi les marques épiscopales et les droits quasi épiscopaux dans son église sur les personnes qui en dépendent; c'est de là que ce chapitre a été nommé chapitre primatial et l'église de même.

Sa Sainteté accorda aussi au duc et à ses successeurs le droit de nomination tant aux dignités qu'aux prébendes, réservant seulement au Saint-Siége l'institution des dignités.

Au surplus, les derniers ducs de Lorraine envoient un commissaire pour assister de leur part aux élections des abbés réguliers, et l'abbé élu alloit ordinairement leur demander leur agrément ou attache.

OFFICIERS QUI COMPOSOIENT LA MAISON DES DUCS.

La maison des ducs de Lorraine étoit composée de toutes sortes de grands officiers.

Le grand maître d'hôtel étoit le premier,
Le grand chambellan,
Le grand écuyer,
Le grand veneur,
Et le grand fauconnier,
Un maître de la garde-robe,
Deux gentilshommes de la chambre,
Douze chambellans servant par quartier,
Quatre maîtres d'hôtel,
Huit gentilshommes servant par quartier,
Un aumônier et un clerc de chapelle,
Trois maréchaux-de-logis,
Quatre fourriers,
Et nombre d'officiers de la chambre, de la bouche, de l'échansonnerie, fruiterie, écurie, fauconnerie et vennerie.

Les maréchaux de Lorraine et du Barrois étoient chefs et commandants nés des armées des ducs de Lorraine; il y en avoit un pour la Lorraine et l'autre pour le Barrois.

TROUPES LORRAINES.

On ne voit pas bien le nombre de troupes que le duc Charles II (III) et le duc Henry entretenoient; ils en avoient peu. Le duc Charles III (IV) est le premier qui s'est piqué d'en avoir un plus grand nombre et de les employer; c'est ce qui lui a attiré tous ses malheurs. Il avoit environ 3,000 chevaux et 1,200 hommes de pied, et même pendant qu'il étoit au service des Espagnols dans les Pays-Bas, il avoit augmenté sa cavalerie jusqu'à 6,000 chevaux pour lesquels il tiroit de la Couronne d'Espagne, outre des quartiers d'hiver dans les Pays-Bas, qui faisoient vivre quasiment ses troupes, des subsides assez considérables.

Les ducs, ses prédécesseurs, avoient une garde lorraine et une suisse, des gendarmes, des chevaux-légers et quelques garnisons dans leurs places.

PLACES DE GUERRE.

Le duc Charles II (III) avoit fait de sa ville de Nancy une des plus grandes places de guerre qui soit dans l'Europe; elle étoit régulièrement fortifiée et avoit 17 bastions.

Le roi les fit démolir en 1661 et 1662, et Sa Majesté les a fait rétablir après la paix de Nimègue sur les anciens fondements; elle y a même fait ajouter des dehors qui n'y étoient point du temps du duc de Lorraine.

Outre la place de Nancy, les ducs de Lorraine avoient celle de Marsal régulièrement fortifiée; ils avoient Clermont sur la Meuse et la forte place de La Mothe, prise en 1648 par l'armée du roi, commandée par feu M. le maréchal de Villeroy, et entièrement rasée, en sorte qu'il ne reste que le roc sur lequel elle étoit bâtie.

Cette place, située à une lieue de la Meuse, six lieues plus bas que sa source, incommodoit beaucoup la frontière de Champagne, du côté de Langres et Chaumont.

Enfin, ils avoient plusieurs bons châteaux, comme Bitche dans la Lorraine-Allemande, Longwy du côté de Luxembourg et autres, et plusieurs villes qui, sans être fortifiées régulièrement, ne laissoient pas d'avoir quelques ouvrages et quelques défenses.

De ce nombre étoit Bar-le-Duc, le Pont-à-Mousson, Lunéville, Espinal et Chasté.

Le feu roi fit, en 1635, démolir plusieurs châteaux qui servoient de retraite aux partis que M. le duc de Lorraine envoyoit et tenoit dans ce pays-ci.

De ce nombre furent Blâmont, Darney, Châtillon-sur-Saône, Condé-sur-Moselle, Foug et autres.

Le château de Hombourg, près Bitche, que Charles III (IV), duc de Lorraine, tenoit, n'étoit point de l'Etat de Lorraine; il s'en saisit en 1644 ou 1645 sur la maison de Nassau-Sarrebruck et Ottweiller à qui il appartenoit; et il prit pour prétexte que l'Empire lui devoit des arrérages considérables, des subsides qui lui avoient été promis, quand il s'engagea dans la guerre contre la France et la Suède.

On convint à Munster, en 1648, qu'il rendroit ce château aux comtes de Nassau, et que certains princes et Etats de l'Empire lui payeroient ses arrérages de subsides, qui furent fixés à 200,000 écus ou environ. Il a touché une partie de cette somme, mais n'ayant pas reçu le tout, il est demeuré en possession du château de Hombourg jusqu'à ce qu'il soit sorti de ses Etats en 1670; alors il mit ce château par forme de dépôt entre les mains de l'Electeur de Trèves, qui y tenoit une garnison, quand les troupes du roi, commandées par le maréchal d'Humières, le prirent précisément dans le temps que l'Espagne et les Etats-Généraux des Provinces-Unies des Pays-Bas, ayant signé leur paix à Nimègue, l'empereur différoit de signer la sienne, et cette place ayant été considérée comme étant des Etats du dernier duc de Lorraine qui ne voulut point acquiescer au traité de Nimègue, le roi en est demeuré en possession et a fait bâtir une ville fortifiée, laquelle est au-dessus du château dont Sa Majesté a considérablement augmenté les fortifications.

MAISONS DE PLAISANCE DES DUCS.

Quant à présent, les ducs de Lorraine n'ont aucune maison de plaisance.

Charles III (IV) avoit fait bâtir le château de Lunéville, qui n'étoit point achevé en 1670 lorsqu'il sortit de ses Etats. Il est dans une agréable situation.

Ses prédécesseurs alloient en certains temps à Blâmont pour chasser, et il paroît des vestiges et des ruines qui marquent que le château étoit assez grand et assez beau pour ce temps-là. Ils alloient aussi de temps en temps au château de Gondreville sur la Moselle, à une lieue de Toul, pour chasser dans les bois de Heys.

Le château de Condé, pareillement situé sur la Moselle, à deux lieues de Nancy et dans une fort belle situation, étoit aussi une maison de plaisance des ducs; mais tout cela a été ruiné pendant le règne toujours agité et dans le trouble du duc Charles III (IV).

TABLE ALPHABÉTIQUE

DES DOMAINES ET LIEUX

RÉUNIS

AUX ÉVÊCHÉS DE METZ, TOUL ET VERDUN PAR LA CHAMBRE ROYALE DE METZ AVEC LA DATTE DES ARRESTS.

Albe, domaine de l'évêché de Metz.. 20 mai 1680.
Apremont} fiefs de l'Eglise de Metz. 12 juin et 11 juillet
Altheim } 1680.
Arrancy-Saint-Pierre, domaine de l'abbaye de Saint-Pierre
    de Metz. 10 mars 1681 et 5 avril 1683.
Arrancy, fief du duché de Bar. 5 avril 1683.
Bitche, fief de l'Eglise de Metz. 2 juin 1680.
Blâmont déclaré fief du duché de Bar. 15 juin *id.*
Bouconville, déclaré *id.* 2 juin *id.*
Boucquenom, fief de l'Eglise de Metz. 15 juin *id.*
Bourmont, fief du comté de Bar. 2 juin *id.*
Bousweiler, fief de l'Eglise de Metz. 24 octobre *id.*
Briey, fief de l'Eglise de Metz. 27 juin *id.*
Commercy }
Condé } , domaine de l'évêché de Metz. 15 avril 1680.
Conflans }
Castel, domaine de l'évêché de Metz. 28 juin *id.*

Créhange, franc-alleu, de l'évêché de Metz. 16 septembre *id.*
Chiny, fief du duché de Bar. 21 avril 1681.
Chastenoy } fief du comté de 9 décembre 1681.
Chasté-sur-Mozelle } Champagne.
Chaligny }
Chastillon }, fiefs du comté de Bar. 13 mai et 2 juin 1683.
Conflans }
Delme, domaine de l'évêché de Metz. 5 mai 1680.
Deux-Ponts } 28 juin, 4 juillet
Dieuze }, fiefs de l'Eglise de Metz. et 23 décembre
Domepvre } 1680.
Espinal, fief de l'évêché de Metz. 6 mai 1680.
Estain, domaine de la collégiale de Sainte-Magdelaine de
    Verdun. 9 décembre 1681.
Frouard, fief du comté de Champagne. 9 décembre *id.*
Foug, fief du comté de Bar. 2 juin 1683.
Gondreville, fief de l'Eglise de Verdun. 26 décembre 1680.
Gondrecourt, fief du duché de Bar. 2 juin 1683.
Hombourg, domaine de l'Eglise de Metz. 20 mai 1680.
Hattonchastel, fief de l'Eglise de Verdun. 29 mai *id.*
Langstein }, fiefs de l'Eglise de Metz. 6 et 21 juin
Lutzelbourg } 1680.
Longwy }
Longuyon }, fiefs du duché de Bar. 5 avril 1683.
L'avant-Garde }
La Chaussée }
La Mothe }, fiefs du comté de Bar. 2 juin 1683.
La Marche }
La Marck et Marmoustier, fiefs de l'Eglise de Metz. 15 juillet 1680.
Marsal, fief du comté de Bar. 23 mai *id.*
Malatour, fief de l'Eglise de Metz. 13 juin *id.*

Mussey, fief de l'Eglise de Verdun.   28 novembre *id.*
Morhange, franc-alleu, de l'évêché de Metz. 12 décembre *id.*
Montfort, fief du comté de Champagne   9 décembre 1681.
Marville, fief du comté de Bar.   5 avril 1683.
Nomeny, domaine de l'évêché de Metz.   11 mai 1680.
Neufchâteau (Le), fief du comté de Champagne. 6 mars 1681.
Norroy-le-Sec, fief du comté de Bar.   2 juin 1683.
Ottweiler \
Oberstein }, fiefs de l'évêché de Metz.   11 juillet, 9 septembre et 7 décembre 1680.
Ochsenstein /

Pont-à-Mousson (Le) \
Pierrefitte   \
Pierrepont   }, fiefs de l'évêché de Metz.   2 juin 1683.
Pierrefort   /

Rambercour-aux-Pots, fief de l'Eglise de Verdun.   7 novembre 1680.
Raigecourt, fief de l'Eglise de Metz.   5 décembre 1680.
Sarrebourg, fief de l'Eglise de Metz.   6 mai *id.*
Saint-Avold, domaine de l'Eglise de Metz.   20 mai *id.*
Sampigny, fief de l'Eglise de Verdun.   29 mai *id.*
Salm, fief de l'Eglise de Metz.   6 juin *id.*

Sarrebruck   \
Sarwerden   \
Sirck ou Sierck }, fiefs de l'Eglise de Metz.   11 avril, 8 et 11 juillet 1680.
Saint-Nicolas /

Saint-Pierreviller, domaine de l'abbaye de Saint-Pierre-aux-Dames de Metz.   11 mars 1681.

Saint-Mihiel }, fiefs du duché de Bar.   21 juin 1683.
Sancy   /

Weldents }, fiefs de l'Eglise de Verdun.   12 avril et 24 octobre 1680.
Verton   /

Vaudémont, fief du comté de Bar.   13 mai *id.*

Par arrest du 10 septembre 1683, ladite Chambre royale de Metz a réuni tous les lieux qui ne sont pas spécifiés dans les arrests ci-dessus, sçavoir :

Nancy,	Valdrevange,
Amance,	Bérus,
Rosières,	Siersberg,
Lunéville,	Mertzig,
Einville,	Sargaw,
Valfroicourt,	Schaumbourg,
Mirecourt,	Sarreguemines,
Bruyères,	Puttelange,
Dompaire,	Preny,
Charmes,	Forbach,
Darney,	Boulay,
Arches,	Faulquemont.
Saint-Dié et Raon,	

Et généralement tous les fiefs, terres et seigneuries qui sont dépendants desdits évêchés ou principautés ecclésiastiques de Metz, Toul et Verdun, et situés dans l'étendue des diocèses desdits évêchés.

TABLE DES MATIÈRES.

Journal de Pierre Vuarin, garde-notes à Etain

L'origine de bataille et chevallerie, poème inédit par Emond du Boullay, héraut d'armes de Lorraine

Mémoire sur l'état de la Lorraine à la fin du xviie siècle.

Ces trois ouvrages forment des tirages séparés.

Nancy, de l'imprimerie de A. Lepage.